행정작용법개론

이 상 학 저

대구대학교출판부

[저자 : 이상학]

현 대구대학교 법과대학 교수

1판4쇄 2016년 1월 28일
지은이 이상학
펴낸이 홍덕률
펴낸곳 대구대학교출판부
경북 경산시 진량읍 대구대로 201
전화 053) 850-5661~2 | 팩스 053) 850-5669
http://press.daegu.ac.kr/
인쇄처
ISBN 978-89-7794-638-5-93350
정 가 12,000원

머리말

본서는 일차적으로 행정법을 처음 접하게 되는 학생들을 위한 입문서이다. 이를 염두에 둔 것인 만큼 세부적인 사항은 생략하고 기본이론과 개념위주로 기술하였다. 언급만 되어 있거나 다루지 않은 문제들은 다른 문헌을 통해 보완하길 권한다. 다시 말해 본서는 행정법의 영역을 보다 심화학습하고자 하는 사람들을 위한 출발점이 될 수 있을 것이다.

행정법총론을 크게 행정작용법과 행정구제법 부분으로 나눌 때 후반부인 행정구제법은 본서에서 제외하였다. 통상 우리나라의 대학에서는 행정구제법 강의는 별도로 개설되고 있다. 또 행정법총론의 강의를 함에 있어서도 행정작용법까지 만을 다루는 것이 통례이다. 그러므로 행정작용법을 중심으로 서술되어 있는 본서의 분량은 행정법개론 내지 총론 강의의 한 학기용으로 적당하리라 본다.

행정법은 연혁적으로 대륙법계인 독일이나 프랑스에서 생성발전된 것이다. 특히 우리나라 행정법의 체계와 이론은 독일 행정법을 모태로 하고 있다. 그러므로 본서에서는 이해의 편의를 위해 필요하다고 여겨지는 곳에 독일의 법제와 이론을 소개하였다.

한편 행정법은 전반적으로 학생들이 이해하기 쉽지 않고 추상적인 법영역으로 인식되는 경향이 있다. 이를 감안하여 불필요하게 어렵게 느껴지지 않도록 가급적 명확하고 쉬운 문장으로 기술하는데 중점을 두었다. 또한 이해를 돕기 위해 관련 부분에 사례와 판례를 적어두고 표와 도식을 첨가하였다.

행정법 저서를 출간한다는 것은 동시에 모험이자 도전을 의미한다. 이는 행정법학을 발전시키고 깊은 학문적 성과를 일구어 온 여러 교과서의 기나긴 열에 또 하나를 추가하는 것이다. 학술적 성격이 아닌 불과 개론서 형태의 얇은 본서를 집필하는데도 적지 않은 어려움이 따랐다. 이를 통해 기존의 교과서를 출간한 저자들께 새삼 경의를 느끼게 되었으며, 선배 교수님들의 저서를 일별하는 과정을 거치면서 그 노고와 업적에 대해서도 존경의 마음을 지니게 되었다.

이 책의 출간에는 대구대학교 법과대학의 따뜻한 연구 환경이 큰 힘이 되었다. 여러 교수님들께 감사의 마음을 전하고 싶다.

2011. 12.

저자 씀

목 차

§ 1 행정의 의의

§ 2 행정법의 원리 및 기본개념

§ 3 행정법의 일반원칙

§4 행정법관계의 당사자

§5 행정작용법 : 개설

§6 행정행위 일반

§7 행정행위의 부관

§8 행정행위의 성립 및 효력발생요건

§9 행정행위의 효력

§10 행정행위의 하자

§ 11 행정행위의 취소와 철회

§ 12 행정행위의 실효

§ 13 행정입법

§ 14 확약, 행정계획, 공법상 계약, 사실행위, 행정지도

§ 15 행정의 실효성 확보수단

§ 1 행정의 의의

Ⅰ. 행정의 개념

행정법은 행정(行政)에 관한 법이므로, 행정법을 이해하기 위해서는 먼저 행정의 관념을 파악해야만 될 것이다. 연혁적인 관점에서 행정은 과거 절대군주의 통치권 중에서 입법권과 사법권이 분화·독립되고 난 나머지의 국가기능이라고 보는 것이 일반적이다.

[표 1] 국가권력구조 내에서 행정의 위치

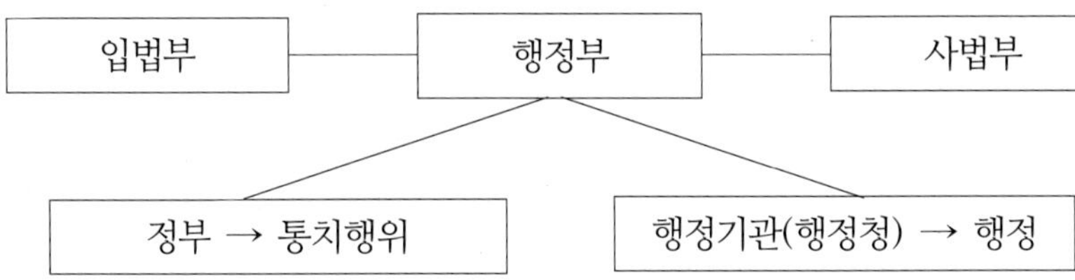

[표 2] 법체계 내에서 행정법의 위치

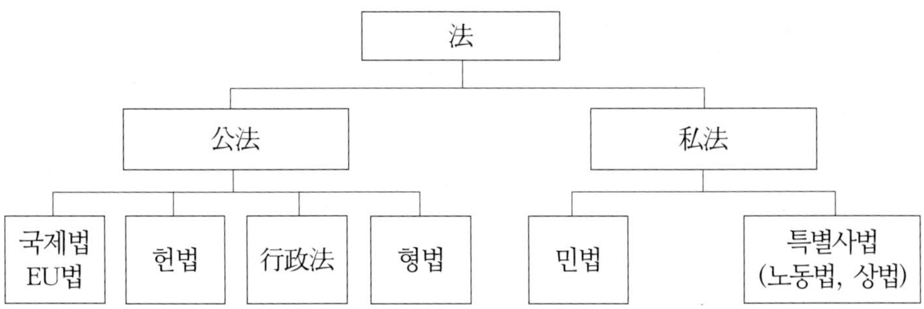

* 형법은 전통적으로 공법에서 분리되어 독자적인 법체계로 다루어지고 있다.

행정의 개념은 세 가지의 의미로 세분화 될 수 있다. ① 조직적 의미의 행정, ② 형식적 의미의 행정, ③ 실질적 의미의 행정

1. 조직적 의미의 행정

조직적 의미의 행정은 실질적으로 행정활동을 담당하고 있는 전체 행정기관의 조직 그 자체를 의미한다.

2. 형식적 의미의 행정

형식적 의미의 행정은 행정활동의 실제 내용과는 관계없이 조직적 의미의 행정기관에 의해 행해지는 모든 활동을 의미한다. 따라서 실질적으로 입법에 해당하는 '법규명령 · 조례의 제정' 이나 실질적으로 사법에 해당하는 '행정심판' 등이 모두 포함된다.

3. 실질적 의미의 행정

실질적 의미의 행정은 크게 ① 소극적으로 행정개념을 규정하려는 견해(소극설), ② 적극적으로 행정개념을 규정하려는 견해(적극설)로 나뉘어져 있다.

'소극설' 은 행정이 무엇이라고 적극적으로 정의하기는 곤란하다고 전제한다. 그리고 과거 절대군주의 통치작용으로부터 입법작용과 사법작용이 분화된 후 남은 국가작용이 행정이었다고 하는 역사적인 성립과정에 착안하여, "행정이란 입법과 사법을 제외한 모든 국가작용" 이라고 정의하고 있다. '공제설' 이라고도 한다.

'적극설' 은 행정이란 이러이러한 성질을 가진 국가작용이라고 적극적으로 규정하려는 입장이다. 적극설에도 여러 견해가 있으나, 일반적으로 "행정이란 법질서 아래서 국가목적의 실현을 위하여 행해지는, 전체로서의 통일성을 가진 적극적 · 형성적 국가활동" 이라고 정의되고 있다. 그러나 포르스트호프(Forsthoff)

가 일찍이 "행정이란 정의할 수 없으며, 단지 묘사할 수 있을 뿐이다"[1]라고 갈파한 바 있는바, 행정은 그 활동영역, 목적 및 작용형태가 너무나 다양하기 때문에 개념을 한마디로 정의하기는 거의 불가능하다고 볼 수 있을 것이다.

Ⅱ. 실질적 의미에 따른 행정의 분류

실질적 의미의 행정은 아래의 기준에 따라 여러 가지로 분류될 수 있다.

1. 목적(임무 · 책무 · 기능)에 의한 분류

(1) 질서행정

질서행정(秩序行政)이란 공공의 안녕과 질서유지 내지 국민의 생명 · 건강 및 재산권을 보호하는 행정을 말한다. 경찰행정(警察行政)이라고도 한다.

例) 도로교통단속(교통안전위해 음주운전자에 대한 면허취소 등)/ 불법시위해산/ 전염병예방/ 화재의 예방 및 진화

(2) 급부행정

급부행정(給付行政)이란 국민의 복리를 적극적으로 향상 · 증진함을 목적으로 하는 행정을 말한다.

例) 학교 · 도서관 · 병원건립/ 공기업 운영에 의한 수도 · 가스공급/ 전철 및 시영버스의 운행/ 생활무능력자에 대한 생활보호/ 가난한 학생에 대한 장학금지급

(3) 공과행정

공과행정(公課行政)이란 국가나 지방자치단체가 업무수행을 위해 필요로 하는 자금을 마련 · 관리함을 목적으로 하는 행정을 말한다.

例) 국민에게 조세 등을 부과 · 징수

---

1) Forsthoff, Lehrbuch des Verwaltungsrechts, 10. Aufl., 1973, S.6.

(4) 조달행정

조달행정(調達行政)이란 국가나 지방자치단체가 업무수행을 위해서는 자금 이외에 역시 인적 · 물적 수단이 필요한 바, 이를 취득 · 관리함을 목적으로 하는 행정을 말한다.

例) 공무원채용/ 사무용품 구입

2. 법 형식에 의한 분류

행정은 그 법 형식을 기준으로 하여 공법형식의 행정과 사법형식의 행정으로 나뉜다.

(1) 공법형식의 행정(공법행정/ 고권적 행정)

1) 공법형식의 행정은 행정이 공법(公法)의 형식으로 이루어지는 것을 의미한다. 공법행정 또는 고권적 행정이라고도 한다. 국가와 개인 간의 관계에서 국가의 우월한 지위를 특징으로 한다.

2) 공법형식의 행정은 다시 ① 권력행정과 ② 비권력행정으로 구분된다.

'권력행정' 은 '권력 고권적행정' 이라고도 하는바, 개인의 자유와 재산을 침해하거나 구속하는 것을 주된 내용으로 하는 행정이다. 대개의 경우 명령 · 강제수단을 사용한다.

例) 과세처분/ 입영처분/ 비자발급거부처분

'비권력행정' 은 '관리행정' 또는 '단순 고권적행정' 이라고도 하는바, 강제 없이 수행되는 행정으로써 그 수단이 비권력적이다.

例) 강제접종 대신 접종의 권고/ 지도와 계몽/ 공물과 영조물의 설치 및 관리

(2) 사법형식의 행정(사법행정/ 국고행정)

1) 사법형식의 행정은 사법(私法)에 따라 이루어지는 행정으로써, 국가와 사

인간의 관계가 대등한 것이 특징이다. ‘사법행정’ 또는 ‘국고행정’ 이라고도 한다. 이는 ‘행정사법’ 과 ‘좁은 의미의 국고행정’ 으로 나뉜다.

2) ‘행정사법’ 이란 행정주체가 급부행정영역에서 행정목적을 사법의 형식으로 수행하는 행정을 말한다. ‘좁은 의미의 국고행정’ 은 다시 ‘조달행정’ 과 ‘영리경제활동(영리행위)’ 으로 구분된다.

행정주체는 업무수행을 위해 건물, 토지, 차량이나 특정사무용품 등 필요한 것이 있을 경우 임대 및 매매와 같은 계약을 맺기도 한다. 이런 물품 구매계약은 사법상 계약에 의해 체결되는데 이것이 ‘조달행정’ 이다. 한편 행정주체는 은행 또는 기업 등의 대주주로서 경영에 참여함으로써 수익을 창출하기도 하는데 이것이 ‘영리경제활동’ 이다(사법형식의 행정에 대해서는 아래의 § 5 Ⅱ. 6. 참조).

例) <행정사법> : 시영버스에 의한 교통수단의 제공/ 전기 · 수도 · 가스 등의 공급/ 상 · 하수도 설치/ 폐기물의 수거와 처리 · 운영 회사를 설립하여 이행, <조달행정> : 업체와 계약을 체결하여 사무용품 구입, <영리경제활동> : 국가가 담배인삼공사, 포스코 등의 대주주로서 주식을 보유하여 기업경영에 참여

[표 3] 사법형식의 행정

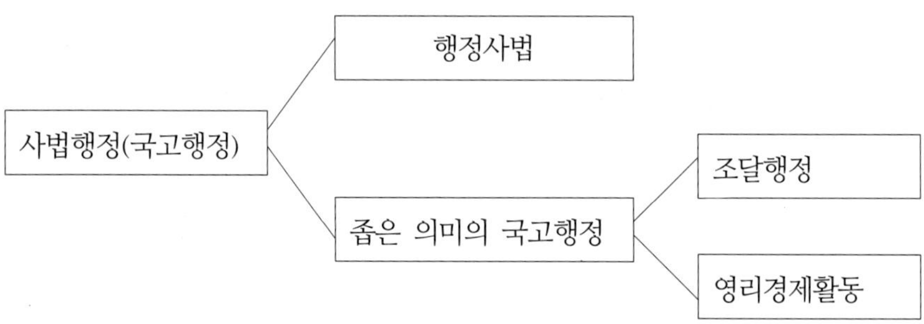

3. 법적 효과에 의한 분류

(1) 수익적 행정

수익적 행정(授益的 行政)이란 국민에게 권리나 이익을 주는 행정을 말한다.

例) 영업허가/ 건축허가/ 군 입대 면제/ 보조금 교부/ 귀화허가

(2) 침익적 행정

침익적 행정(侵益的 行政)이란 국민에게 새로운 의무를 부과하거나 기존의 권리나 이익을 박탈하거나 또는 각종 제재를 가하는 것을 내용으로 하는 국민에게 불이익한 행정을 말한다. 부담적 행정(負擔的 行政)이라고도 한다.

例) 세금부과/ 허가의 취소/ 건물철거 명령/ 강제출국 명령/ 퇴학처분/ 공무원파면

(3) 복효적 행정

복효적 행정(複效的 行政)이란 이익과 불이익의 효과가 동시에 발생하는 행정을 말한다. 이중효과적 행정(二重效果的 行政)이라고도 한다.

이에는 ① 혼합효행정, ② 제3자효행정이 있다.

혼합효행정은 수익적 효과와 침해적 효과가 동일인에게 귀속되는 경우를 말한다.

例) A에게 밤 11시 이후에는 영업을 금지하는 조건으로 술집허가/ B는 생활보호대상자로서 1달 30만원의 생활비보조를 신청했으나 20만원만 승인받음/ 매달 일정액 납부를 조건으로 마트건축허가

제3자효행정은 수익적 효과와 침해적 효과가 각각 상이한 자에게 발생되는 경우를 말한다.

例) 공해배출시설에 대하여 조업중지를 명할 경우 공해배출업체는 불이익 인근주민은 이익/ 연탄공장허가의 경우 연탄공장업체는 이익이지만 인근주민은 불이익이 발생

4. 법적 구속의 정도에 의한 분류

(1) 행정은 법적 구속의 정도를 기준으로 ① 기속행정(羈束行政) ② 재량행정(裁量行政)으로 나뉜다. 기속행정이란 법규에 기속되어 행정청에게 행위의 선택의 여지가 없는 행정(例: 음주운전측정을 거부한 경우 운전면허를 취소하여야 함 – 「도로교통법」 제93조 제1항 단서)을 말한다. 재량행정이란 행정청이 법규에 구체적으로 기속되지 않고 독자적 판단권에 따라 행하는 행정을 말하며(「도로교통법」 제93조 제1항 본문 참조), 이는 '결정재량'과 '선택재량'으로

나뉠 수 있다.

〈도로교통법〉

제93조 (운전면허의 취소 · 정지) : ① 지방경찰청장은 운전면허(연습운전면허를 제외한다. 이하 이 조에서 같다)를 받은 사람이 **다음 각 호의 어느 하나에 해당하는 때에는** 행정안전부령이 정하는 기준에 의하여 **'운전면허를 취소'** 하거나 1년 이내의 범위에서 운전면허의 **'효력을 정지'** 시킬 수 있다. **다만, 제2호 · 제3호, 제6호 내지 제8호, 제11호, 제13호, 제15호, 제16호 또는 제17호에 해당하는 때에는 '운전면허를 취소하여야 한다'.**

3. 제44조제2항 후단의 규정을 위반하여 술에 취한 상태에 있다고 인정할 만한 상당한 이유가 있음에도 불구하고 경찰공무원의 측정에 응하지 아니한 때

9. 제87조제3항의 규정에 의한 기간 이내에 운전면허증을 갱신하지 아니하고 1년이 경과된 때

12. 다른 사람의 자동차등을 훔치거나 빼앗은 때

13. **다른 사람이 부정하게 운전면허를 받도록 하기 위하여 제83조의 규정에 의한 운전면허시험에 응시한 때**

14. 이 법에 의한 교통단속임무를 수행하는 경찰공무원등 및 시 · 군공무원에 대하여 폭행한 때

5. 주체에 의한 분류

행정은 주체를 기준으로 하여 ① 국가행정(국가가 직접 자기의 행정기관에 의하여 행하는 행정) ② 자치행정(지방자치단체가 행하는 행정) ③ 위임행정(국가 또는 지방자치단체로부터 위임을 받아서 행하는 행정) 등으로 나뉜다.

위임행정이란, 예컨대 「기초노령연금법」 제3조에 의하면 65세 이상인 자로서 소득이 대통령령으로 정하는 금액 이하인 자에게 연금을 지급하도록 하고 있는데, 보건복지부장관이 특별시장 · 광역시장 · 도지사 · 시장 · 군수에게 사무

를 위임한 경우가 이에 해당한다.

[표 4] 행정의 분류

- □ by 목적
  - 질서행정(경찰행정)
  - 급부행정
  - 공과행정
  - 조달행정
- □ by 법 형식
  - 공법형식의 행정
    - 권력행정
    - 비 권력행정
  - 사법형식의 행정
    - 행정사법
    - 좁은 의미의 국고행정
      - 조달행정
      - 영리활동
- □ by 법 효과
  - 수익적 행정
  - 침익적 행정(부담적 행정)
  - 복효적 행정(이중효과적 행정)
    - 혼합효행정
    - 제3자효행정
- □ by 법구속 정도
  - 기속행정
  - 재량행정
- □ by 행정주체
  - 국가행정
  - 자치행정
  - 위임행정

§ 2 행정법의 원리 및 기본개념

Ⅰ. 법치행정의 원리

법치행정의 원리란 국민의 대표기관인 의회가 제정하는 '법률'에 행정이 기속되는 것을 일컫는다. 아울러 법률에 의한 행정을 보장하기 위하여 행정작용에 대한 사법심사(司法審査)가 이루어짐을 의미한다. 물론 여기서의 법률이란 합헌적 법률을 말한다(실질적 법치주의).

이러한 법치행정의 원리의 핵심적인 내용을 이루고 있는 것은 **'행정의 법률적합성의 원칙**(Der Grundsatz der Gesetzmäßigkeit der Verwaltung)' 이다. '행정의 법률적합성의 원칙' 에 의해 행정은 법률에 구속되고, 동시에 행정이 법률을 준수하였는가에 대해 법원의 심사와 통제를 받게 된다.

행정의 법률적합성의 원칙은 대표적으로 두 가지 요소를 내포하고 있다. 하나는 **'법률우위(法律優位)의 원칙**(Der Grundsatz des Vorrangs des Gesetzes)' 또 하나는 **'법률유보(法律留保)의 원칙**(Der Grundsatz des Vorbehalts des Gesetzes)' 이다. '행정행위' 가 법률우위나 법률유보의 원칙에 위반되는 경우 무효 또는 취소될 수 있는 반면, '법규명령' 과 '조례' 와 같이 법규범이 위반될 경우에는 무효가 된다.

1. 법률우위의 원칙

법률우위의 원칙은 헌법과 법률이 행정작용에 우월하며, 따라서 "행정작용은 헌법과 법률에 위반해서는 안 된다는 것" 을 말한다.

이 원칙은 '침해행정' 이든 '수익행정' 이든 행정의 모든 영역에 제한 없이 적용되는 것으로 여겨지고 있다.

2. 법률유보의 원칙

(1) 개관

1) 법률유보의 원칙이란 "행정작용을 하기 위해서는 법률의 근거가 있어야 한다는 것" 을 의미한다. '법률우위의 원칙' 이 행정의 모든 영역에 적용되는 데 대해, '법률유보의 원칙' 의 적용영역에 대하여는 다툼이 있다.

2) 학설은 i) 국민의 자유나 권리를 침해 또는 제한하거나 새로운 의무를 부과하는 행정작용은 반드시 법률의 근거가 있어야 한다는 '침해유보설' , ii) 침해행정 이외에 급부행정영역에서도 법률유보의 원칙이 적용된다는 '급부행정유보설' , iii) 모든 공행정작용은 권력행정, 비권력행정, 침해행정, 급부행정을 막론하고 전 행정영역에서 법률유보의 대상이 된다는 '전부유보설' , iv) 국민의 기본권에 적지 않은 영향을 미칠 수 있는 중요사항은 반드시 법률의 근거를 요하지만, 비중요사항에 대해서는 법률의 근거 없이도 행정권을 발동할 수 있다는 '중요사항유보설(본질성설)' 등이 있다. 즉 중요사항유보설은 공동체나 국민에게 중요하고 본질적인 행정작용은 침해행정뿐만 아니라 급부행정에 있어서도 법률의 근거를 요하는 것이 원칙이고, 다만 그 규율의 밀도는 중요성에 비례하여 이루어지게 된다는 것이다. 우리나라 헌법재판소와 독일 연방헌법재판소의 입장이다.

판례 텔레비전방송 수신료 결정이 국민의 기본권 실현과 관련된 본질적 사항인지 여부

> (1) 오늘날 법률유보원칙은 단순히 행정작용이 법률에 근거를 두기만 하면 충분한 것이 아니라, 국가공동체와 그 구성원에게 기본적이고도 중요한 의미를 갖는 영역, 특히 국민의 기본권실현과 관련된 영역에 있어서는 국민의 대표자인 입법자가 그 본질적 사항에 대해서 스스로 결정하여야 한다는 요구까지 내포하고 있다(의회유보원칙).
>
> (2) 텔레비전방송수신료는 대다수 국민의 재산권 보장의 측면이나 한국방송공사에게 보장된 방송자유의 측면에서 국민의 기본권실현에 관련된 영역에 속한다. 그리고 수신료금액의 결정은 납부의무자의 범위 등과 함께 수신료에 관한 본질적인 중요한 사항이라고 할 수 있다. 그렇다면 이는 국회가 스스로 행하여야 하는 사항에 속하는 것임에도 불구하고 「한국방송공사법」 제36조 제1항에서 국회의 결정이나 관여를 배제한 채 한국방송공사로 하여금 수신료금액을 결정해서 문화관광부장관의 승인을 얻도록 한 것은 법률유보원칙에 위반된다(헌재 1999.5.27, 98헌바70).

생각건대 오늘날 민주주의 법치국가에서는 법을 떠난 독자적인 행정영역은 인정되기 어렵다. 따라서 모든 행정작용은 예외 없이 모두 법률의 근거를 가지는 것이 이상적이지만, 이를 너무 엄격히 요구하면 타당성 없는 결과에 이를 수도 있다. 그러므로 법률유보의 범위와 강도에 대하여는 각 행정분야의 내용과 기능 및 국민의 기본권관련성 등 여러 관점을 함께 고려하여 사안별로 판단해야 할 것이다. 이하에서는 법률유보의 원칙을 보충적으로 침해행정과 급부행정의 영역과 관련하여 검토해 본다.

(2) 침해행정의 영역

국민의 자유와 권리를 침해·제한하는 행정작용은 법률에 근거가 있어야만 한다는데 이론이 없다. 이는 법률유보원칙의 전통적인 견해인 침해유보설의 입장에서 뿐만 아니라 국민의 자유와 권리의 제한에 대하여 형식적 의미의 법률

을 요구하는 헌법 제37조 제2항[2])으로부터 직접 도출된다고 볼 것이다.

(3) 급부행정의 영역

1) 오늘날 국민기초생활보장법, 농촌진흥법, 보조금관리에 관한 법률 등에서 엿볼 수 있듯이 급부행정의 광범위한 영역에서 법률이 제정되고 있다. 그런데 이와 같이 수익적 행정활동인 급부행정을 하기 위해서도 법률의 근거가 필요한지에 대해서는 견해가 대립된다. 특히 '자금지원(보조금 지급)'에 있어서 문제가 된다.

2) 우리나라의 다수 견해는 급부행정에는 반드시 법률형식에 의한 근거가 필요한 것은 아니라고 보는 듯하다. 예를 들면, 자금지원 등의 급부행정에서는 '예산(豫算)'의 근거나 국회의 의결만으로 가능하다는 것이다.[3])

하지만 이러한 입장에서도 당해 급부를 상대방의 '반대급부'에 결부시키거나 '부관'이 붙여지는 등 상대방에게 어떠한 '부담'이나 '제한'이 가해지는 경우, 또는 "제3자의 권리 내지 기본권을 침해하는 경우"에는 법률의 근거를 요한다고 볼 것이다.

3) 독일의 경우 급부행정의 경우에도 기본적으로 법률의 근거를 요한다고 보는 것이 일반적이다. 즉 오늘날 국민생활은 국가 등이 제공하는 각종 급부에 크게 의존하고 있는데, 이러한 급부의 거부 또는 부당한 배분은 실질적으로는 침해행정에 못지않게 침익적 성격을 띠고 있다. 따라서 그 내용이나 요건 또는 기준을 법률로 규정하여 그에 대한 예견·예측가능성을 부여함으로써 행정의 자의를 방지하여야 할 필요성이 있다는 것이다. 한편 전술한 바와 같이 연방헌법재판소는 적어도 행정작용이 기본권 침해에 본질적인 영향을 미칠 우려가

---

2) "국민의 모든 자유와 권리는 국가안전보장·질서유지 또는 공공복리를 위하여 필요한 경우에 한하여 법률로써 제한할 수 있으며, 제한하는 경우에도 자유와 권리의 본질적인 내용을 침해할 수 없다."

3) 예컨대, 현재는 「국군포로의 송환 및 대우 등에 관한 법률」이 제정되어 있지만, 1993년 국군포로로서 43년 만에 북한에서 탈출하여 1호로 생환한 조창호 소위(2006년 사망)에 대한 극진한 예우는 관련규정에는 근거가 없었음. → 이러한 관점에서, 2011년 10월 6·25전쟁 당시 전사한 국군의 유족에게 – 관련법규정이 없다는 이유 등으로 – 불과 5000원의 보상금을 지급한 결정은 논란의 소지가 없지 않음.

있는 경우에는 법률에 근거가 있어야 된다고 판단한다.

【事例演習 1】

대구광역시는 경제적으로 매우 어려움을 겪고 있는 대구·경북의 대표적 의류업체 A에게 보조금 10억을 지원하였다. 이때 보조금지급에 대한 규율을 하고 있는 법률은 존재하고 있지 않다. A의 경쟁업체 B는 이 보조금 지급을 행정의 법률적합성원칙에 위반되는 위법한 것이라는 견해를 가지고 있다. 이에 대한 판단은?

→ 논점: 보조금 지급기준과 관련된 어떠한 법률도 존재하고 있지 않기 때문에 '법률우위의 원칙'과는 무관하다. 하지만 보조금지급이 '법률의 근거 없이' 이루어졌기 때문에 '법률유보의 원칙'과 관련이 있다.

【事例演習 2】

2011년 8월 15일 구글(Google)의 모토로라인수는 삼성전자, LG전자, 팬택 등 한국 스마트폰 업체들에 충격을 던져주었다. 한국 업체들이 소프트웨어를 거의 전적으로 구글에 의존해 왔고, 소프트웨어 경쟁력이 극히 취약한 사정에 있기 때문이다. 전문가들은 중소 소프트웨어 기업의 육성이 절실하다고 입을 모은다. 이러한 배경 하에 중소기업청은 중소기업지원을 목적으로 500억 원의 예산을 배정하여 유망한 기업을 육성하는데 사용하고자 한다. 소프트웨어 중소기업인 A는 국내의 다른 경쟁기업인 B, C에 비해 시장우위를 확보하고 국제적으로 경쟁력 있는 기업체로 성장하기 위해 중소기업청에 자금지원을 신청하였다.

중소기업청은 A의 사업계획과 기술력을 면밀히 검토한 결과, 만일 A가 현재 구상하고 있는 특정 소프트웨어 개발이 성공을 거둔다면, 구글이 안드로이드로 전세계 스마트폰 운영체제(OS)의 절반을 차지하고 있는 현재의 소프트웨어 산업의 지형을 뒤흔들 수 있는 기업체로 성장할 수 있다는 판단을 하였다. 비록 법률 규정은 없지만 예산(豫算)상의 근거로 '기술개발에 성공할 것을 조건'으로 지원하는 중소기업청 내의 「자금지원지침」에 따라 A에게 50억 원의 자금을 지원하기로 결정하고 우선 25억 원을 선 지급하였다. 이에 A는 25억 원을 투입하여 연구개발에 착수하였다.

그런데 A의 연구개발이 진행되는 중에 하필 '중국기업'이 속도, 호환성, 편의

성, 해상도, 멀티터치 기능, 안전성 등에서 A가 개발 중인 소프트웨어보다도 월등한 제품의 개발에 성공하여 이미 특허를 출원하고 말았다. 그리하여 더 이상 해당 소프트웨어 기술개발에 노력과 비용을 투자하는 것이 의미가 없어져 버렸다. 다음의 질문에 답하라(우리나라의 다수설에 의할 것)

(1) 위 중소기업청의 A에 대한 자금지원행위는 적법한가?

(2) 만일 B가 중소기업청에 자금지원을 신청했는데 거부를 당하여, 이 거부처분에 대한 취소소송을 제기하였다. 그 인용(승소)가능성은?

(3) 만일 설문 (1)에서 중소기업청의 A에 대한 자금지원이 적법하다고 판단되는 경우에도, 위 사례와 같이 사정이 변화되었다면 중소기업청은 자금지원을 취소하고 이미 지급한 지원금의 반환을 청구할 수 있는가?

⇒ 설문 1의 검토 :

기본적으로 자금지원과 관련하여 반드시 법률상의 근거가 있을 필요는 없고 예산의 근거만 있으면 된다고 본다. 다만 이로 인해 보조금을 지원받지 못하는 제3자의 권리나 기본권이 침해된다면 법률의 근거를 요한다. 본 건에서 위 보조금지급결정으로 인해 A가 염두에 두고 있는 소프트웨어 기술개발에 성공하는 경우 이 새로운 소프트웨어가 기존의 소프트웨어를 대체하게 되어 기존의 소프트웨어는 더 이상 시장성이 없게 된다. 결과적으로 경쟁자인 B와 C의 기업 활동은 존폐의 기로에 설 수 밖에 없다. 그렇다면 B와 C의 직업선택의 자유는 중대한 침해를 받게 된다. 따라서 이 경우에는 법적근거가 필요하다고 보아야 하므로, 위 자금지원결정은 '법률유보의 원칙' 에 대한 위반으로 위법하다.

⇒ 설문 2의 검토 :

A에 대한 자금지원은 위에서 살펴본 바와 같이 '법률유보원칙' 에 반하는 위법한 것이다. 과연 B는 평등원칙을 근거로 자기에게도 자금지원을 해 줄 것을 요구할 수 있는지가 문제되는데, 소위 위법 앞에 평등은 주장될 수 없으므로 B가 제기한 거부처분 취소소송은 인용될 수 없을 것이다.

⇒ 설문 3의 검토 :

중소기업청의 자금지원철회는 사실상태의 변경으로 인한 중대한 공익상의 요청에 의하여 허용된다고 보아야 한다. 이 경우 철회의 효과로써 중소기업청이 원상회복의 방법으로 이미 지급한 지원금의 반환을 요구할 수 있을 지 문제 되는데, 이미 지급한 지원금의 반환에 대해서는 수혜자인 A의 '보호가치 있는 신뢰'를 보호해주어야 하므로 허용될 수 없다고 본다. 다만 사실상태의 변경으로 자금지원을 계속하는 것은 무의미하므로, 중소기업청은 아직 지급하지 않은 25억 원은 그 지급을 거부할 수 있을 것이다.

Ⅱ. 공권

1. 공권의 의의

일반적으로 '권리(權利)'란 법률관계의 한 당사자가 자신의 이익을 실현하기 위해 다른 당사자에게 특정의 작위, 부작위, 급부, 수인을 요구할 수 있는 힘을 말한다. 사법상 법률관계에서의 권리를 사권(私權)이라 한다면, 공법상 법률관계에서의 권리를 공권(公權)이라고 칭할 수 있다. 즉 공권은 공법관계의 한 당사자가 다른 당사자에게 작위, 부작위, 급부, 수인을 요구하여 자신의 이익을 주장할 수 있는 공법상의 힘을 의미한다. 이에는 국가적 공권과 개인적 공권으로 나뉜다.

국가적 공권은 경찰권이나 과세권과 같이 국가 등의 행정주체가 상대방인 국민에 대해 가지는 권리이다. 개인적 공권은 반대로 개인이 행정주체에 대해 가지는 권리이다. 전통적인 고찰방법은 이와 같이 공권을 국가적 공권과 개인적 공권으로 구분하여왔다. 그러나 국가적 공권은 엄밀한 의미에서 권리라기보다는 국가가 국민에 대해 가지는 권능이라고 보는 것이 타당하다. 그러므로 이하에서는 개인적 공권을 중심으로 살펴보기로 한다.

2. 개인적 공권

개인적 공권/주관적 공권(subjektives öffentliches Recht)이란 개인이 자기의 이익을 위해 국가 등의 행정주체에게 일정한 행위(작위, 부작위, 급부, 수인)을 요구할 수 있는 법상의 힘을 말한다. 이러한 공권이 성립하기 위해서는 종래 세 가지 요건이 충족되어야 한다고 보았다. 첫째, 국가 등 행정주체에게 의무를 부과하는 강행법규가 존재할 것, 둘째, 당해 강행법규가 사익보호성을 가질 것, 셋째, 이러한 이익을 관찰할 수 있는 힘이 존재할 것이다.

(1) 의무부과 강행법규의 존재

공권도 이에 상응하는 의무를 전제로 하는 것이므로 국가 등의 행정주체에게 일정한 의무를 부과하는 강행법규가 존재하여야 한다. 그러나 재량규정이라 할지라도 재량권행사에 대한 강행적 지침을 내포하고 있다면 재량규정 역시 강행법규성질을 띨 수 있다고 보아야 한다. 즉 재량법규도 강행법규의 개념에 포함될 수 있는 것이다.[4)]

(2) 강행법규의 사익보호성

행정주체 등에게 의무를 부과하고 있는 법규가 공익뿐만 아니라 개인의 이익보호도 목적으로 하고 있어야 한다. 즉 당해 법규의 목적이나 취지가 전적으로 공익추구에 있다면 개인적 공권이 성립되지 않는다. 다시 말해 설령 공익목적을 위해 행정주체 등에게 의무를 부과함으로써 개인에게 혜택이 돌아간다 해도 이것은 소위 반사적 효과로서 받게 되는 '반사적 이익(反射的 利益)' 에 불과한 것이다.

그러나 관련법규의 취지가 개인의 이익을 보호하고 있는지 여부의 판단은 쉽지 않다. 법령상 이를 명시적으로 인정하는 경우도 찾을 수 있겠지만 이러한 경우는 오히려 예외에 속하기 때문이다. 결국 사익보호성의 판단은 당해 법규

4) Bachof, Reflexwirkungen und subjektive Rechte im öffentlichen Recht, in: Gedächtnisschrift für Walter Jellinek, 1955, S. 295.

전체의 목적이나 취지 등을 고려하여 종합적으로 판단할 수밖에 없다.

(3) 소구가능성/ 재판상 관철할 수 있는 힘

끝으로 강행법규에 의해 인정되고 있는 사익을 소송에 의해 관철할 수 있는 법상의 힘(Rechtsmacht)이 사인에게 부여되어야 있어야 한다. 하지만 이 요건은 현재 그 의미가 퇴색되었다고 보인다.

즉, 독일의 경우 제2차 세계대전 전까지 행정소송의 대상과 관련하여 열기주의(列記主義)를 취하고 있었는데 이 시기에는 그 존재의의가 있었다. 그러나 우리 헌법은 제27조에서 모든 국민에게 재판을 받을 권리가 있음을 명문으로 인정하고 있을 뿐만 아니라, 행정소송법 제1조는 원칙적으로 모든 위법한 행정처분이나 부작위를 그 대상으로 하는 개괄주의(概括主義)를 채택하고 있기 때문에 소구가능성의 요소는 더 이상 요구되지 않는다.[5)]

3. 공권과 반사적 이익의 구별

(1) 반사적 이익이란 공익을 위해 법규가 행정주체나 개인에게 일정한 의무를 부과함으로써 개인이 간접적으로 얻게 되는 이익을 말한다.

(2) 일반적으로 법률관계는 권리가 있으면 의무가 있고, 의무가 있으면 이에 대응하는 권리가 있다. 그러나 공법상 법률관계에서는 권리만이 존재하고 의무가 결여되어 있거나, 반대로 의무만 존재하고 이에 수반된 권리가 없는 경우가 있다. 예를 들어 현행 의료법 제15조 제1항에는 "의료인은 진료나 조산 요청을 받으면 정당한 사유없이 거부하지 못 한다"라고 규정되어 있다. 이에 따라 의사에게는 진료를 할 의무가 존재한다. 그러나 의사의 작위의무로 인해 결과적으로 환자가 진료를 받는 이익을 향유한다고 해도, 의사에 대해 진료해 줄 것

5) 독일의 경우도 제2차 세계대전 이후 제정된 기본법 제19조 제4항에 "누구든지 공권력에 의해 자신의 권리를 침해받은 자는 제소의 길이 열려져 있다"고 규정하고 있고, 행정법원법에서도 이를 구체화하여 개괄주의를 채택하고 있다. 따라서 개인적 공권의 성립에 소구가능성의 요소는 불필요하게 되었다.

을 청구할 수 있는 권리가 부여되지는 않는다. 즉 진료거부금지의무로 인해 일반 환자가 받는 이익이 반사적 이익이라 할 수 있다.

한편 공익을 위한 행정활동을 규율하는 행정법규에는 행정주체 등에게 일방적으로 의무만을 부과하고 있고, 이에 상응한 권리를 개인에게 부여하고 있지 않은 경우가 많다.[6] 요컨대, 이로 인해 개인이 간접적으로 사실상 받는 이익이 '반사적 이익'이다.

(3) 현행 행정소송법 제12조, 제35조, 제36조에는 각각, "취소소송은 처분등의 취소를 구할 **법률상 이익이 있는 자**가 제기할 수 있다. 처분 등의 효과가 기간의 경과, 처분 등의 집행 그 밖의 사유로 인하여 소멸된 뒤에도 그 처분 등의 취소로 인하여 회복되는 법률상 이익이 있는 자의 경우에는 또한 같다."(제12조), "무효 등 확인소송은 처분 등의 효력 유무 또는 존재여부의 확인을 구할 **법률상의 이익이 있는 자**가 제기할 수 있다."(제35조), "부작위위법확인소송은 처분의 신청을 한 자로서 부작위의 위법의 확인을 구할 **법률상 이익이 있는 자** 만이 제기할 수 있다."(제36조)라고 규정되어 있다. 우리나라의 대다수 견해와 판례는 이들 규정상의 '법률상 이익'을 '법률상 보호되는 이익'으로 이해하고 있으며, 이를 '(개인적) 공권'과 동일한 개념으로 파악한다.

(4) '공권'과 '반사적 이익'의 구별실익은 무엇보다 행정소송에서 소송을 제기할 수 있는 자격으로써 원고적격(原告適格)의 인정유무이다. 즉 원고적격은 '법률상 이익'이 침해된(개인적 공권이 침해된) 경우에만 인정되고, 단순히 '사실상의 이익'이나 '반사적 이익'이 침해된 경우에는 인정되지 않으며 재판을 통해 권리를 구제받지 못한다.

6) 예를 들어 동물보호법은 동물만을 보호할 뿐이고, 수목보호법규 역시 공익보호만을 의도하고 있다. 또한 쓰레기방지, 홍수방지, 수질보전 같은 환경보호나 국토의 균형발전을 위해 마련된 규정은 사익보호적 성격이 존재한다고 보기는 어려울 것이다.

보충자료 행정소송법 행정심판법의 종류와 대상의 상호 비교

– 행정소송법 –	– 행정심판법 –
제2조(정의) ① 이 법에서 사용하는 용어의 정의는 다음과 같다. 1. **'처분등'** 이라 함은 행정청이 행하는/ 구체적 사실에 관한 법집행으로서의/ 공권력의 행사 또는 그 거부와/ 그 밖에 이에 준하는 행정작용(이하 '처분' 이라 한다)/ 및 행정심판에 대한 재결을 말한다. 2. **'부작위'** 라 함은 행정청이 당사자의 신청에 대하여 상당한 기간 내에 일정한 처분을 하여야 할 법률상 의무가 있음에도 불구하고 이를 하지 아니하는 것을 말한다. ② (생략)	제2조(정의) 이 법에서 사용하는 용어의 뜻은 다음과 같다. 1. **'처분'** 이란 행정청이 행하는/ 구체적 사실에 관한 법집행으로서의/ 공권력의 행사 또는 그 거부/, 그 밖에 이에 준하는 행정작용/을 말한다. 2. **'부작위'** 란 행정청이 당사자의 신청에 대하여 상당한 기간 내에 일정한 처분을 하여야 할 법률상 의무가 있는데도 처분을 하지 아니하는 것을 말한다. 3. 4. (생략)
제3조(행정소송의 종류) 행정소송은 다음의 네가지로 구분한다. 1. **항고소송**: 행정청의 **'처분등'** 이나 **'부작위'** 에 대하여 제기하는 소송 2. **당사자소송**: i) 행정청의 처분등을 원인으로 하는 법률관계에 관한 소송, ii) 그 밖에 공법상의 법률관계에 관한 소송으로서 그 법률관계의 한쪽 당사자를 피고로 하는 소송 3. **민중소송**: 국가 또는 공공단체의	**제3조(행정심판의 대상)** ① 행정청의 **'처분'** 또는 **'부작위'** 에 대하여는 다른 법률에 특별한 규정이 있는 경우 외에는 이 법에 따라 행정심판을 청구할 수 있다. ② 대통령의 처분 또는 부작위에 대하여는 다른 법률에서 행정심판을 청구할 수 있도록 정한 경우 외에는 행정심판을 청구할 수 없다.

<table>
<tr>
<td>기관이 법률에 위반되는 행위를 한 때에 직접 자기의 법률상 이익과 관계없이 그 시정을 구하기 위하여 제기하는 소송
4. 기관소송: 국가 또는 공공단체의 기관 상호간에 있어서의 권한의 존부 또는 그 행사에 관한 다툼이 있을 때에 이에 대하여 제기하는 소송. 다만, 헌법재판소법 제2조의 규정에 의하여 헌법재판소의 관장사항으로 되는 소송은 제외한다.</td>
<td></td>
</tr>
<tr>
<td>제4조(항고소송)
항고소송은 다음과 같이 구분한다.
1. 취소소송: 행정청의 위법한 처분등을 '취소' 또는 '변경'하는 소송
2. 무효등확인소송: 행정청의 처분등의 효력유무 또는 존재여부를 확인하는 소송
3. 부작위위법확인소송: 행정청의 부작위가 위법하다는 것을 확인하는 소송</td>
<td>제5조(행정심판의 종류)
행정심판의 종류는 다음 각 호와 같다.
1. 취소심판: 행정청의 위법 또는 부당한 처분을 취소하거나 변경하는 행정심판
2. 무효등확인심판: 행정청의 처분의 효력유무 또는 존재여부를 확인하는 행정심판
3. 의무이행심판: 당사자의 신청에 대한 행정청의 위법 또는 부당한 거부처분이나 부작위에 대하여 일정한 처분을 하도록 하는 행정심판</td>
</tr>
</table>

보충자료 원고적격

행정처분의 상대방이 아닌 제3자의 '취소소송' 과 '의무이행소송(의무화소송)' 을 상정해본다. 원고적격의 인정여부는?

☞ 제3자의 취소소송 :

사례 1: 상대방에게 '수익' 을 주는 처분에 대한 취소소송
(Anfechtungsklage gegen die Begünstigung des Adressaten)

1) A에게 건축이 허가되었는데, 이웃 P는 자신의 대지가 완전히 그늘이 질 것을 우려하고 있다. 이에 대해 P는 건축허가를 다투고자 한다.
2) 관내의 경제진흥에 몰두하고 있는 경산시는 B에게 보조금 1억을 교부하였다. 경산시의 교부금부여지침에 의거하여 교부금을 받지 못한 X는 B에게 부여된 교부금승인을 다투고자 한다.

수익적 VA

행정청 ————→ 처분의 상대방 A, B

↑

例 :

- 건축허가에 대한 이웃소송
- 경쟁자소송(경업자소송 · 경원자소송)

원고 P(이웃), X(교부금 받지 못한 자)

사례 2: 상대방에게 '부담' 을 주는 처분에 대한 취소소송
(Anfechtungsklage gegen die Belastung des Adressaten)

F는 한국인 여성으로서 파키스탄 남성 C와 결혼하였는데, C에게 추방처분이 내려졌다. C가 체념하며 이를 받아들이려하는 반면, F는 이에 대해 소송을 제기하고자 한다.

부담적 VA

행정청 ————→ 처분의 상대방 C

↑

例 :

외국인 남편에의 추방처분에 대한 부인의 소송

원고 F(외국인 C와 결혼한 한국인 여성)

☞ 제3자의 의무화소송:

사례 3: 상대방에게 '부담'을 부과해 달라는 의무화소송
(Verpflichtungsklage auf Belastung des Adressaten)

D는 간격거리를 무시한 채 허가 없이 자신의 차고를 N의 대지에 완전히 맞닿게 하여 신축하였다. N은 관할 건축행정청에 철거처분을 발령해 달라고 요구하였지만 거부(拒否)당하였다. 이에 맞서 N은 소송을 제기하고자 한다.

부담적 VA

행정청 ------------------------➤ 처분의 상대방 D

↑

例:

질서행정청이 장해자에 개입할 것을 요구하는 소송

원고 N

사례 4: 상대방에게 '수익'을 부여해 달라는 의무화소송
(Verpflichtungsklage auf Begünstigung des Adressaten)

건축기사 Y는 건축주 A를 위해 단독주택을 설계해 주었다. 관할 건축행정청은 설계가 건축법상의 규정에 저촉되기 때문에 건축허가의 신청을 거부(拒否)하였다. A는 비용부담 때문에 소송을 제기할 마음이 없고, 행정청의 변경요구에 응하려한다. 이에 반해 Y는 자신의 이름으로 소송을 제기할 준비가 되어 있다.

수익적 VA

행정청 ------------------------➤ 처분의 상대방 A

↑

例:

건축주에게 건축허가를 발령해달라는 건축기사의 소송

원고 Y(건축기사)

Ⅲ. 행정개입청구권

事例 1: 경북 경산시 진량읍 상림리에 거주하고 있는 주민 A는 이웃집에 살고 있는 대학생 B가 심야에 기타를 치고 노래를 부르거나 친구들을 불러 술자리를 하는 등으로 과도한 소음을 발생케 하는 일이 잦아 밤잠을 설치기 일쑤이다. 이에 A는 수차례 B에게 자제를 요청하였으나 묵살되었고, 결국 신경쇠약으로 정신과 치료를 받기에 이르렀다. A는 여러 차례 인근 경찰관서에 신고하고 단속을 요청하였으나 경찰은 사생활(私生活) 및 사주소(私住所)에 대하여는 개입을 할 수 없다는 이유로 출동하지 않고 있다.

事例 2: 공장으로부터 배출기준을 초과하는 유해한 폐수가 하천으로 배출되어 식수로 사용되고 있는 인근 지하수를 오염시키고 있는 경우에 지하수를 이용하는 인근주민은 공해배출의 금지를 명하도록 행정청에게 청구하고자 한다.

→ 논점: 인근주민에게 행정개입청구권이 인정되느냐가 문제이다. 행정청의 공해배출금지명령은 원칙상 재량행위이다. 사안에서 행정청의 재량권이 0으로 수축하는 것으로 보이므로 인근주민은 공해배출금지를 명하도록 행정청에게 청구할 수 있고, 행정청은 공해배출금지명령을 발할 의무가 있는 것으로 보인다. 아래 3. (2) 항목의 【事例演習】 참조

1. 개념

행정개입청구권(行政介入請求權)이란 보통 자기의 이익을 위해 타인에게 행정권의 발동을 청구할 수 있는 권리를 말한다(例: 자신의 생명을 위협하는 폭력범에 대해 경찰권 발동을 요구, 유해한 폐수 배출 기업에 대한 조업중지명령 요구). 이러한 행정권 발동의 경우 상대방(상기 事例 2에서 폐수배출 기업)에 대하여는 침해적이고 제3자(인근주민)에 대하여는 수익적이다.

행정개입청구권의 이론은 독일의 학설 · 판례에 의하여 정립, 발전된 것이다.

2. 성립요건

행정개입청구권이 인정되기 위해서는 ① 행정청에게 개입의무인 행정권발동의무(行政權發動義務)가 있어야 하고, ② 행정권의 발동에 관한 관련법규가 오로지 공익만을 목적으로 하는 것이 아니고 개인인 행정개입청구권자의 이익보호도 목적으로 하고 있어야 한다. 즉 사익보호성(私益保護性)이 존재할 것이 필요하다. 사익보호목적의 존부에 대한 판단기준은 관련법규이다. 관련법규에는 성문법 및 불문법 외에 행정법의 일반원칙도 포함된다.

□ **행정청의 개입의무/ 행정권의 발동의무가 존재하는 경우**

행정권의 발동여부는 원칙적으로 행정청의 재량에 속한다. 왜냐하면, 행정권발동의 대상이 되는 행정현실이 매우 다양하고 행정수단도 제약되어 있기 때문이다.

그러나 '법에서' 행정권의 발동여부에 관하여 행정권의 재량을 인정하지 않고 있는 경우(例 : **기속행위의 경우**)에는 행정청의 개입의무가 존재한다. 또한 법에서 행정권의 발동에 관하여 행정청에게 재량권을 부여하고 있는 **재량행위**에 있어서도 일정한 경우에는 당해 재량권이 영으로 수축되는 때가 있는데, 이러한 경우 역시 행정청의 개입의무가 발생한다.

3. 인정범위

(1) 행정개입청구권은 이론적으로는 모든 행정영역에서 인정될 수 있다. 그런데, 행정개입청구권은 주로 행정개입을 청구하는 국민의 생명, 신체 및 재산을 보호하기 위하여 인정되는 것이기 때문에 경찰행정(질서행정) 분야에서 주로 인정된다.

판례

> 무장공비가 민가(民家)에 침입하여 주민과 격투가 벌어지고 있는 경우에 경찰력의 출동을 요청하였음에도 경찰력이 출동하지 않아 공비와 격투를 벌이던 주민이 사망한 경우 국가배상청구권을 인정한 바 있다(대판1971.4.6, 71다124).

(2) 앞에서 언급한바와 같이 행정개입청구권은 '기속행위(羈束行爲)'의 경우에는 당연히 인정된다. '재량행위(裁量行爲)'의 경우에는 '무하자재량행사청구권(無瑕疵裁量行使請求權)'이 인정되고 행정개입청구권은 원칙상 인정되지 않는다. 물론 재량권이 영으로 수축되는 경우에는 무하자재량행사청구권은 행정개입청구권으로 전환되게 된다.

> **【事例演習】**: 대기환경보전법 제33조에는 "환경부장관은 조업 중인 배출시설에서 나오는 오염물질의 정도가 법에 정한 배출허용기준을 초과한다고 인정하면 사업자에게 그 오염물질의 정도가 배출허용기준 이하로 내려가도록 필요한 조치를 취할 것을 명할 수 있다" 라고 규정되어 있다. 그런데 공해배출업체 A는 배출허용기준을 초과하여 오염물질을 배출하였음에도 환경부장관 甲은 이에 아무런 개선명령을 발하지 않았다.
>
> (1) 이에 의하여 피해를 입은 인근주민 B는 환경부장관 甲에 대하여 어떠한 조치를 청구할 수 있는가?
>
> (2) 만일 그 청구권이 인정된다면 소송법상 어떠한 권리구제를 받을 수 있는가?
>
> **〈대기환경보전법〉**
>
> **제33조 (개선명령)** 환경부장관은 제30조에 따른 신고를 한 후 조업 중인 배출시설에서 나오는 오염물질의 정도가 제16조나 제29조제3항에 따른 배출허용기준을 초과한다고 인정하면 대통령령으로 정하는 바에 따라 기간을 정하여 사업자에게 그 오염물질의 정도가 배출허용기준 이하로 내려가도록 필요한 조치를 취할 것(이하 '개선명령'이라 한다)을 명할 수 있다.

제34조(조업정지명령 등) ① 환경부장관은 제33조에 따라 개선명령을 받은 자가 개선명령을 이행하지 아니하거나 기간 내에 이행은 하였으나 검사결과 제16조 또는 제29조제3항에 따른 배출허용기준을 계속 초과하면 해당 배출시설의 전부 또는 일부에 대하여 조업정지를 명할 수 있다. ② 환경부장관은 대기오염으로 주민의 건강상·환경상의 피해가 급박하다고 인정하면 환경부령으로 정하는 바에 따라 즉시 그 배출시설에 대하여 조업시간의 제한이나 조업정지, 그 밖에 필요한 조치를 명할 수 있다.

I. 쟁점의 정리

인근주민 B가 환경부장관 甲에게 공해배출업체 A에 대해 개선명령을 발령해 달라고 요구할 수 있는 행정개입청구권이 인정되는지 여부와, 만일 그러하다면 이를 소송상 어떠한 방식으로 주장할 수 있는지가 문제되고 있다.

II. 1문의 경우

1. 행정개입청구권의 의의

2. 행정개입청구권의 성립요건: ① 행정청의 개입의무가 존재할 것, ② 사익보호성이 존재할 것

3. 사안의 경우

(1) **환경부장관의 행정권 발동의무 유무**: 대기환경보전법 제33조의 개선명령의 발령 여부는 규정형식에 비추어 환경부장관의 재량에 속하므로 B는 원칙적으로 행정개입청구권을 갖지 못한다. 그러나 B는 법령이 정한 기준을 초과한 A의 오염물질의 배출로 피해, 즉 생명·신체에 대한 중대한 침해를 입었으므로 환경부장관이 갖는 결정재량권은 0으로 수축된다고 보여 진다. 따라서 환경부장관은 개선명령를 발령할 의무를 부담한다.

(2) **관련법규의 사익보호성 유무**: 다음으로 대기환경보전법 제33조와 관련 법령의 해석상 개선명령은 경우에 따라서는 오염물질로 인해 피해를 받는 개인의 이익보호도 목적으로 하고 있다고 판단된다. → 대기환경보전법 제1조는 국민이 건강하고 쾌적한 환경에서 생활할 수 있게 함을 목적으로 하는데, 여기서 말하는

국민은 전체로서의 국민만을 뜻하는 것은 아니고, 경우에 따라서는 오염물질의 배출로 인해 건강권·생명권을 침해받는 개인으로서의 국민도 포함된다고 해석된다.

(3) **결론**: B는 환경부장관 甲에게 공해배출업체 A에 대해 개선명령을 발령할 것을 요구할 권리인 행정개입청구권을 갖는다. 다만 B는 개선명령의 구체적인 내용까지는 요구할 수 없다고 할 것이다.

III. 2문의 경우

1. **행정소송**

재량권이 0으로 수축되는 경우에는 재량행위가 기속행위로 전환되는 효과가 발생하므로, B는 환경부장관에게 개선명령조치를 요구할 수 있고, 이를 거부(拒否)하면 거부처분을 대상으로 취소소송(取消訴訟)을 제기할 수 있다. 또한 환경부장관이 부작위(不作爲)할 경우 부작위위법확인소송(不作爲違法確認訴訟)을 제기할 수 있다. A가 승소하면 환경부장관은 판결의 취지에 따라 다시 이전의 신청에 대한 처분을 하여야 한다.

2. **국가배상청구**

환경부장관의 의무해태로 인하여 손해가 발생한 경우에는 국가배상법 제2조상의 부작위에 의한 손해배상을 청구할 수 있을 것이다.

Ⅳ. 재량권의 영으로의 수축이론

1. 의의

재량권의 영으로의 수축이라 함은 일정한 예외적인 경우에 재량권이 있는 행정청에게 선택의 여지가 없어지고 특정한 내용의 처분을 하여야 할 의무가 생기는 것을 말한다.

2. 판단기준

일반적으로 다음과 같은 경우에 재량권이 영으로 수축된다고 본다. ① 사람의 생명, 신체 및 재산 등에 중대하고 급박한 위험이 존재하고,[7] ② 그러한 위험이 행정권의 발동[8]에 의해 제거될 수 있는 것으로 판단되며, ③ 피해자의 개인적인 노력으로는 권익침해의 방지가 충분하게 이루어 질 수 없다고 인정되는 경우가 그러하다.

3. 효과

재량권이 영으로 수축되는 경우 행정청은 특정한 내용의 처분을 하여야 할 의무를 진다. 한편, 전술한 바와 같이 재량권이 영으로 수축하는 경우에는 '무하자재량행사청구권' 은 특정한 내용의 처분을 하여 줄 것을 청구할 수 있는 행정개입청구권으로 전환된다.

V. 무하자재량행사청구권

무하자재량행사청구권(無瑕疵裁量行使請求權)이라 함은 행정청에게 재량권이 부여되는 경우에 행정청에 대하여 재량권을 흠 없이 행사하여 줄 것을 청구할 수 있는 권리를 말한다.

행정청에게 재량권이 인정되는 경우에는 행정청이 처분을 함에 있어서 재량권의 한계를 준수하여 줄 것만을 청구할 수 있을 뿐이지, 어떤 특정한 행위를 요구할 수 있는 권리가 개인에게 주어지지는 않는다. 결국 이 청구권은 실효성

7) 가령, 매일 저녁 수인하기 어려울 정도의 종소리가 교회로부터 들려오는 경우, 또는 공장으로부터 배출기준을 초과하는 유해한 폐수가 하천으로 배출되어 식수로 사용하는 인근의 지하수를 오염시키고 있는 경우.

8) 상기 예에서 시정명령 또는 조업중지명령.

이 담보되지 않으므로 상징적 · 형식적 의미밖에 갖지 못한다고 할 수 있다. 우리나라에서는 동 개념을 독자적으로 인정할 것인지 여부에 대해 견해가 대립한다.

보충자료 '재량하자'의 유형

1. 재량의 유월(일탈)

'재량의 유월(일탈)(Ermessnsüberschreitung)' 이란 법령에 규정된 재량권의 범위를 벗어나서 행사된 것을 말한다. 행정청이 법에서 정한 법률효과를 선택하지 않음으로써 재량의 외적 한계를 일탈한 경우이다. 예컨대 법에서 A, B, C중 어느 하나를 선택할 수 있는 권한을 부여하고 있음에도 규정 밖의 D나 E를 선택한 경우를 말한다.

☞ *例* 1 : 법률에 특정사안에 대하여는 2만원에서 5만원사이의 요금을 징수할 수 있다고 규정되어 있음에도 불구하고 6만원을 요구한 경우

例 2 : 법률에 6개월 이내의 영업정지를 부과할 수 있다고 하고 있음에도 8개월의 영업정지처분을 내린 경우

2. 재량의 불행사(해태)

'재량의 불행사(해태)(Ermessensnichtgebrauch)' 란 행정청이 착오로 인해 자신에게 재량이 주어진 것을 알지 못하거나, 혹은 순전히 무관심이나 태만으로 인해 자신에게 주어진 재량을 행사하지 않은 경우에 존재한다. 즉 재량행위를 기속행위로 간주하여 재량행사에 필요한 형량을 전혀 하지 않은 경우이다. 가령, 법에서 A, B, C 중 어느 하나를 택할 수 있도록 재량권을 부여했으나 기속행위로 오인하여 형량을 전혀 하지 않고 곧바로 A를 택한 경우가 그러하다.

☞ *例* 1 : "시 · 도지사 등은 유해식품판매업자에 대해 '영업허가취소' · '영업정지' 등의 제재처분을 할 수 있다" 고 식품위생법 제58조 제1항에 규정되어 있다. 그럼에도 불구하고 유해식품판매행위에 대한 제재에 영업허가취소만 있는 것으로 오인하여 다른 처분을 고려하지 않은 채 영업허가를 취소한 경우

例 2 : 경찰서에 야간 종소리에 대한 불만신고가 접수되었다. 그럼에도 경찰은 자기 관할이 아니라고 잘못 생각하고서 출동하지 않는 경우

3. 재량의 남용

'재량의 남용(Ermessensmißbrauch)' 이란 법령에 규정된 재량행사의 본연의 목적에 따라서만 재량권이 행사된 것이 아닌 경우를 말한다. 즉, 개인의 사적 목적을 실현하기 위해 재량권을 행사하여 재량의 내적 한계를 지키지 못한 경우이다. 또한 비례의 원칙이나 평등의 원칙 등 행정법의 일반원칙을 위반한다거나 재량행사에 있어서 공익과 사익 등 고려하여야 할 중요한 관점들을 고려하지 않은 경우에도 재량의 남용에 해당한다.

☞ *例* 1 : 경찰관 P는 도로교통에 위험하게 주차된 자동차를 견인케 하지 않는다. 왜냐하면 자기 딸의 자동차이기 때문에.

例 2 : 경찰관 P는 사이가 좋지 않은 이웃 A에게 복수하고자 한다. 이에 따라 정차금지구역이 아닌 곳에 주차되어 있는 A의 자동차를 견인케 한다.

Ⅵ. 통치행위

1. 의의

통치행위(統治行爲)란 국가기관의 행위 중에서 고도의 정치적 성격을 띠고 있어 사법심사의 대상으로 부적합하여 재판통제가 제한되는 행위를 말한다. 오늘날 대부분의 국가는 판례를 통하여 통치행위에 상응하는 관념을 인정하고 있다. 다만 각국의 권력구조와 사법제도의 상이성 때문에 통치행위의 범위와 근거 등이 동일하지는 않다.

2. 외국에서의 상황

미국은 전통적으로 엄격한 권력분립원칙에 의거하여 정치적 문제와 관련되는 입법부나 행정부의 행위는 사법심사의 대상에서 제외하고 있다. 조약의 체결・비준 또는 대통령의 전쟁행위가 그 예이다.

영국의 경우 일찍부터 "국왕은 소추되지 않는다"라는 원칙이 확립되어 있었던 바, 선전포고・강화나 사면행위와 같이 이른바 국왕의 대권행위는 사법심사의 대상이 아니다. 또한 의원징계와 같이 의회내부의 문제 역시 재판대상에서 제외된다.

프랑스의 경우 일반행정과 구별되는 통치행위의 관념은 주로 '국참사원(콩세이데타)(Conseil d'Etat)'의 판례를 중심으로 형성되었다. 의회해산, 계엄선포, 조약체결 등의 외교 행위가 이에 속한다.

한편 독일의 경우 전술한 바와 같이 제2차 세계대전까지는 행정재판에서 '열기주의'를 택하였기 때문에 통치행위에 대하여는 행정재판과 관련하여 그렇게 문제되지 않았다. 하지만 2차 세계대전 이후 행정재판에서 '개괄주의'를 채택하면서 모든 행정작용이 사법심사의 대상이 되었고, 이에 따라 통치행위에 대한 논쟁이 촉발되었다. 일반적으로 독일에서도 수상선거, 국회해산, 조약비준과 같은 외교행위에 대해 통치행위를 인정하고 있다.

3. 우리나라의 경우

통치행위는 사법심사의 배제가 본질이므로 이를 긍정한다는 것은 법치국가 원리의 실현에 중대한 위협이 될 수 있다. 그럼에도 그 인정근거에서 다소의 차이는 있으나 일반적으로 통치행위의 관념이 인정되고 있다.

헌법규정에서 통치행위로 인정되고 있는 것으로는 대표적으로 다음과 같다:

대통령의 법률안거부권행사(제53조 제2항), 국회의 국무총리 또는 국무위원의 해임건의(제63조), 국회의원의 자격심사 및 징계(제64조), 국가안위에 관계되는 중요정책의 국민투표부의권(제72조), 대통령의 조약체결・비준, 외교사절

신임 · 접수 · 파견, 선전포고와 강화(제73조), 국군통수행위(제74조), 긴급명령 및 긴급재정경제명령 · 처분권의 행사(제76조), 계엄의 선포(제77조), 사면권의 행사(제79조), 훈장 기타의 영전수여(제80조), 국무총리 · 국무위원의 임면(제86조, 제87조).

대법원은 남북정상회담의 개최는 사법심사의 대상에서 배제된다고 하였다(판례 1). 헌법재판소 역시 대통령의 「금융실명거래 및 비밀보장에 관한 긴급재정경제명령」의 발령(판례 2), 이라크파병결정을 통치행위로 보았다.

판례 1 김대중 정부시절 남북정상회담개최와 대북송금행위관련 사건

(1) 입헌적 법치주의국가의 기본원칙은 어떠한 국가행위나 국가작용도 헌법과 법률에 근거하여 그 테두리 안에서 합헌적 · 합법적으로 행하여질 것을 요구하고 있다. 그리고 이러한 합헌성과 합법성의 판단은 본질적으로 사법의 권능에 속하는 것이다. 다만 국가행위 중에는 고도의 정치성을 띤 것이 있고, 그러한 고도의 정치행위에 대하여는 정치적 책임을 지지 않는 법원이 정치의 '합목적성' 이나 '정당성' 을 도외시한 채 '합법성' 의 심사를 감행함으로써 정책결정이 좌우되는 일은 결코 바람직한 일이 아니다. 나아가 법원이 정치문제에 개입되어 그 중립성과 독립성을 침해당할 위험성도 부인할 수 없다. 그러므로 고도의 정치성을 띤 국가행위에 대하여는 이른바 '통치행위' 라 하여 법원 스스로 사법심사권의 행사를 억제하여 그 심사대상에서 제외하는 영역이 있는 것이다. 하지만 이와 같이 통치행위의 개념을 인정한다고 하더라도 과도한 사법심사의 자제가 기본권을 보장하고 법치주의 이념을 구현하여야 할 법원의 책무를 태만히 하거나 포기하는 것이 되지 않도록 그 인정은 지극히 신중해야 한다. 그 판단은 오로지 사법부 만에 의하여 이루어져야만 하는 것이다.

(2) '남북정상회담의 개최' 는 고도의 정치적 성격을 지니고 있는 행위라 할 것이므로 특별한 사정이 없는 한 그 당부를 심판하는 것은 사법권의 내재적 · 본질적 한계를 넘어서는 것이 되어 적절하지 못하다. 그러나 남북정상회담의 개최과정에서 재정경제부장관에게 신고하지 아니하거나 통일부장관의 협력사업 승인을 얻지 아니한 채 북한 측에 사업권의 대가 명목으로 '송금한 행위' 자체는 헌법상

법치국가의 원리와 법 앞에 평등원칙 등에 비추어 볼 때 사법심사의 대상이 된다(대판 2004.3.26. 2003도7878).

판례 2 김영삼 대통령의 금융실명제 및 비밀보장에 관한 긴급 재정·경제명령이 문제된 사건

대통령의 긴급재정경제명령은 국가긴급권의 일종으로서 고도의 정치적 결단에 의하여 발동되는 행위이고, 그 결단을 존중하여야 할 필요성이 있는 행위라는 의미에서 이른바 통치행위에 속한다. 그러나 통치행위를 포함하여 모든 국가작용은 국민의 기본권적 가치를 실현하기 위한 수단이라는 한계를 반드시 지켜야 한다. 그리고 헌법재판소는 헌법의 수호와 국민의 기본권 보장을 사명으로 하는 국가기관에 속한다. 그러므로 비록 고도의 정치적 결단에 의해 행해지는 국가작용이라고 할지라도 그것이 국민의 기본권 침해와 직접 관련되는 경우에는 당연히 헌법재판소의 심판대상이 된다(헌재 1996.2.29. 93헌마186).

Ⅷ. 특별행정법관계(소위 특별권력관계)

(1) 종래 행정법관계는 세부적으로 '일반권력관계(일반행정법관계)'와 '특별권력관계(특별행정법관계)'로 구분되었다. 전자인 '일반권력관계'는 국가 및 공공단체와 일반국민 사이에 당연히 성립하는 법률관계로써 여기서는 i) 법치주의가 적용되고, ii) 기본권이 보장되며, iii) 사법심사가 인정되었다. 후자인 '특별권력관계'는 공법상의 특정한 목적달성을 위해 당사자의 일방이 상대방을 포괄적으로 지배하고 상대방이 이에 복종함을 내용으로 하는 공법상의 특수한 법률관계를 말한다.

(2) 즉, 특별권력관계는 특별한 공법상 원인에 기하여 성립되고, 공법상 행정목적에 필요한 한도 내에서 그 특별권력주체에게는 포괄적 지배권이 인정되며, 그 상대방인 특별한 신분에 있는 자(재소자, 공무원, 군인, 학생 등)는 이에 복종하는 관계를 일컫는다. 다시 말해, 특별한 법률원인에 의하여 개인이 행정의 내부영역에 편입됨으로써 성립하며, 행정목적상 필요한 한도 내에서 국가 및 공공단체 등 행정주체에게 포괄적인 지배권이 부여되고 구성원은 이에 복종하는 관계이다.

전통적으로 이러한 특별권력관계 내에는 i) 기본권이 적용되지 않고, ii) 법률유보의 원칙이 배제되며, iii) 사법심사가 인정되지 않는 관계로 이해되었다. 연혁적으로 특별권력관계이론은 19세기 중엽 독일의 입헌군주제하의 정치적 배경 하에서 성립되었다. 당시 절대군주의 지배에 대항하여 신흥 시민세력이 대두하였고, 이들은 행정을 의회가 제정한 법률에 의해서만 하게끔 하였다. 이와는 반대로 군주의 예속 하에 있는 행정부는 행정조직 내부관계에 대해서는 이를 특별권력관계로 보아 그 예외를 인정하려고 하였다. 이처럼 특별권력관계이론은 행정을 국민의 의사인 법률에 의해 제한하려는 입장과 행정의 특권적 지위를 계속확보하려는 입장 사이의 타협의 산물이라고 할 수 있다.

(3) 그러나 특별권력관계 이론은 반민주적·반법치주의적 요소를 담고 있는바, 2차 세계대전 이후 강렬한 비판을 받게 되었다.[9] 즉, 특별권력관계도 일반권력관계와 마찬가지로 법치주의가 지배하고 기본권이 적용되며 여기에서 발생되는 법적 분쟁 역시 사법심사의 대상이 되어야 한다는 것이다.

9) 독일 연방헌법재판소의 1972.3.14.의 이른바 '수형자(재소자)판결'은 전통적인 특별권력관계이론의 붕괴에 결정적인 계기를 마련하였다. 본 사안은 재소자가 교도소장과 직원을 비난하고 모욕하는 내용의 편지를 외부인에게 보내고자 하였으나 교도소 당국의 검열 끝에 압수된 사건인데, 이는 교도소 내규에 의거한 것이었다. 본건에 대해 행정법원은 재소자의 기본권은 행정목적에 따라 제한할 수 있으며 이를 위해서는 별도의 법적근거를 요하지 않는다고 하였다. 그러나 연방헌법재판소는 특별권력관계에서도 기본권이 적용되고 보호를 받으며, 당연히 법률유보의 원칙이 적용되므로 법률에 근거하지 않고서는 재소자의 기본권을 제한할 수 없다며 행정법원의 판결을 취소함으로써, 특별권력관계이론의 해체에 이정표를 마련하였다(BVerfGE 31, 1).

오늘날 특별권력관계 이론에 대한 비판론은, 전면적으로 부인하는 입장과 이에는 이르지 않지만 이를 새로운 시각에서 재구성하려는 입장으로 나뉜다. 환언하면, 특별권력관계 이론을 완전히 부인하여 일반권력관계와 동일하게 보아야 할지 그렇지 않으면 나름의 특수성을 인정하고서 단지 법률유보나 사법심사가 완화되어 적용되어야 하는 것인지에 대해 다툼이 있다.

§ 3 행정법의 일반원칙

Ⅰ. 개설

일반사회의 정의감에 비추어 반드시 그리하여야 할 것이라고 인정되는 '사물의 본질적인 법칙' 또는 '법의 일반원칙'을 '조리(條理)'라고 부르고 있다. 이는 법해석상 의문이 있는 경우에 법해석의 기본원리로써, 다른 법원(法源)이 없는 경우에 최후의 보충적 법원으로서 의미를 갖게 된다. 최근에는 조리라는 개념 대신에 '법의 일반원칙' – 행정법 분야에서는 '행정법의 일반원칙' – 이라는 개념이 선호되고 있다.

행정법에는 헌법, 민법, 형법 등과는 달리 행정법이라는 단일 법전이 없다. 아마도 행정의 규율대상이 복잡·다양하여 성문법으로 모든 사항을 규율하기는 어려운 측면이 있기 때문일 것이다. 실제 수많은 행정법규 상호간에는 모순·결함이 있는 경우가 적지 않다. 따라서 행정법의 법원으로서 '행정법의 일반원칙(조리)'의 중요성이 부각되고 있다.

이에는 ① 평등의 원칙, ② 비례의 원칙, ③ 신뢰보호의 원칙, ④ 부당결부금지의 원칙 등이 있다.

Ⅱ. 평등원칙

1. 의의

평등원칙은 그를 정당화할 만한 사유가 없는 한, 다른 자에 대한 처분보다 불리한 처분을 하여서는 안 된다는 원칙을 말한다. 따라서 합리적인 이유가 있어서 다르게 취급하는 것은 평등원칙의 위반이 아니다. 오히려 합리적인 이유가 있는 경우에는 다르게 취급하는 것이 평등의 원칙에 부합한다.

2. 평등원칙 위반의 효과

평등원칙에 반하는 행정권 행사는 '위법' 하여 무효 또는 취소될 수 있고, 평등원칙에 반하는 법령은 위헌 또는 위법으로서 '무효' 가 된다.

판례 구(舊) 제대군인지원에 관한 법률 제8조 제1항등 위헌확인

헌법재판소는 공무원시험에서의 군가산점제도는 그 자체가 여성과 장애인들의 평등권과 공무담임권을 침해하는 위헌인 제도라고 보았다(**헌재 1999.12.23, 98헌마363**).

〈구 제대군인지원에관한법률〉

제8조(채용시험의 가점)

① 제7조제2항의 규정에 의한 취업보호실시기관이 그 직원을 채용하기 위한 시험을 실시할 경우에 제대군인이 그 채용시험에 응시한 때에는 필기시험의 각 과목별 득점에 각 과목별 만점의 5퍼센트의 범위 안에서 대통령령이 정하는 바에 따라 가산한다.

② 현역복무중에 있는 자로서 전역예정일부터 6월 이내에 있는 자는 채용시험의 가점에 있어서 이를 제대군인으로 본다.

③ 취업보호실시기관이 실시하는 채용시험의 가점대상 직급은 **대통령령**으로 정한다.

※ 헌법재판소의 결정 이후, 제대군인지원에관한법률 제8조는 2001.1.4. 개정되었다. 본 개정에서 '채용시험의 가점' 내용을 삭제하고, 대신 응시연령을 상향 조정하였다.

① 제7조제2항의 규정에 의한 취업보호실시기관의 장은 그 직원을 채용하기 위한 채용시험에 응시하는 제대군인에 대하여는 대통령령이 정하는 바에 따라 3세의 범위 안에서 응시상한 연령을 연장하여야 한다.

② 현역복무 중에 있는 자로서 전역예정일전 6월 이내에 있는 자가 채용시험에 응시하는 경우에는 이를 제대군인으로 본다.

③ 취업보호실시기관의 장은 당해 기관에 채용된 제대군인의 호봉이나 임금을 결정함에 있어 군복무기간을 근무경력에 포함할 수 있다.

Ⅲ. 비례의 원칙(과잉금지의 원칙/ 광의의 비례의 원칙)

1. 의의

(1) 비례의 원칙이란 행정주체가 행정목적을 달성하기 위해 어떠한 수단을 취함에 있어서 과잉으로 행해서는 안 되는 것을 말한다. 다시 말하면 그 목적 실현과 수단 사이에 합리적인 비례관계가 있어야 한다는 것을 말한다. '과잉금지의 원칙' 또는 '광의의 비례의 원칙'이라고도 한다.

(2) 비례의 원칙은 당초 독일에 있어서 경찰법상의 판례를 중심으로 발전된 것이다. 오늘날에 있어서는 경찰행정(질서행정)의 영역뿐만 아니라 급부행정을 비롯한 행정의 모든 영역에 걸쳐 적용될 수 있는 법원칙으로 인정되고 있다.

2. 내용

비례의 원칙은 ① 적합성의 원칙 ② 필요성의 원칙(최소침해의 원칙) ③ 상당성의 원칙(협의의 비례의 원칙) 세 가지 내용으로 구성되어 있다.

(1) 적합성의 원칙

적합성(Geeignetheit)의 원칙이란 행정기관이 취하는 조치 또는 수단이 그가 의도하는 목적을 달성하는 데 적합해야 함을 의미한다. 취해진 조치(즉 행정행위)는 의도한 목적달성에 '적어도 어느 정도의 기여'를 해야 한다. 일반적으로, 취하는 수단이 의도하는 목적에 조금이라도 기여한다면 적합성원칙을 충족하게 될 것이다.

다만 목적달성에 부적합한 수단은 적합성의 원칙에 위배되는 바, 상대방에게 법적으로 허용되지 않거나 사실상 불가능한 행위를 요구해서는 안 될 것이다.

> ☞ 例 1(법상 불능): 임차인에 대한 건축물의 철거명령은 적합성원칙에 위반된다. 임차인은 물건에 대한 처분권이 없기 때문이다
>
> 例 2(사실상 불능): 이미 폐기처분된 특정물건의 반환을 명령하는 경우 적합성원칙에 반한다. 왜냐하면 어느 누구도 이 명령을 이행할 수 없기 때문이다.

(2) 필요성의 원칙(최소침해의 원칙)

필요성(Erforderlichkeit)의 원칙이란 행정상의 조치를 취함에 있어서 목적을 실현하기 위하여 필요한 한도를 넘어서서는 안 된다는 것을 말한다. 즉, 목적실현에 적합한 수단이 여러 개 있는 경우에는 그 중에서 상대방에게 가장 적은 부담을 주는 수단을 선택해야 함을 의미한다.

다시 말해, 목적의 달성을 위해 마찬가지의 효과를 발휘하는 동시에 더 적은 침해를 가져오는 다른 수단이 남아 있게 해서는 안 된다는 것이다. '최소침해의 원칙'이라고도 한다.

> ☞ 例 1 : 어떤 건물에 붕괴위험이 있는 경우 적절한 보수로 그 위험을 막을 수 있음에도 철거라는 수단을 선택하여 철거명령을 내린 경우에는 그 철거명령은 필요성의 원칙에 반하는 것으로서 위법하다.
>
> 例 2 : 시위나 집회로 인해 사고가 발생할 우려가 있다고 하여도 만일 시위 주최자와의 협력으로 이를 방지할 수 있다면, 곧바로 허가신청을 거부하거나 금지 또는 해산명령을 해서는 안 될 것이다.
>
> 例 3 : 연기를 다량으로 배출하는 공장으로 말미암아 인근에 거주하고 있는 주민의 건강이 손상될 우려가 있다고 한다면, 굴뚝설치명령은 적합한 수단이 될 것이다. 하지만 만일 30미터의 굴뚝으로 매연방지를 할 수 있는데도, 80미터로 올리라고 한다면 이는 최소침해의 원칙에 위배된다고 할 것이다.

(3) 상당성의 원칙(협의의 비례의 원칙)

상당성(Angemessenheit)의 원칙이란 어떤 행정상의 조치가 목적 실현을 위하여 적합하고 필요최소한의 것이라 할지라도, 그 조치를 취함으로써 초래되는 당사자의 불이익이 공익보다 큰 경우에는 당해 조치를 취해서는 안 된다는 것을 말한다.

즉 '행정조치에 의해 추구되는 이익(공익)'과 '행정조치의 상대방이 받는 손해'의 양자 간에 균형 잡힌 비례관계가 있어야 하며, 비교형량 하였을 때 전자가 후자보다 커야만 한다. '협의의 비례의 원칙'이라고도 한다. 예를 들어 건축법에 위배된 건축물이라 할지라도 공익을 심히 해하지 않는 한 철거되어서는 안 될 것이다.

사 례 비례의 원칙

> A는 노모를 포함하여 5명의 가족을 부양하는 가장이다. 그는 5년 전 여객자동차운송사업면허를 양수하고 개인택시업을 해오면서 모범운전사로서 표창까지도 받은바 있다. 그러나 지병인 만성신부전증 등으로 몸이 아파 쉬면서 생계유지를 위하여 일시적으로 대리운전을 하게 하다가 2회 적발되었다. 이에 경북도지사 B

는 여객자동차운수사업법 제85조에 따라 명의이용금지 위반을 이유로 A의 자동차운송사업면허를 취소하는 처분을 하였다. 하지만 A의 개인택시영업은 그 가족의 유일한 생계수단으로서 만일 운전을 하루라도 쉬면 생계유지가 어려울 만큼의 사정이 있어서 대리운전을 하게 한 것으로 보인다. 그렇다면 경북도지사 B의 면허취소처분은 정당하다고 볼 수 있는가?

→ 가족의 생계를 유지하고 있는 A가 위 사업면허를 박탈당함으로써 입게 될 불이익을 고려할 때, 사업면허를 박탈하는 면허취소처분은 형평을 결여한 것으로서 비례의 원칙에 어긋난 처분이라 판단된다. 즉 개인택시운송사업의 **정지(停止)**를 명하는 것은 모르되 그 사업면허를 **취소(取消)**까지 하였다면 재량권의 한계를 일탈한 것으로서 위법한 처분이라 할 것이다.

〈여객자동차 운수사업법〉

제2조 (정의)

이 법에서 사용하는 용어의 정의는 다음과 같다.

1. "자동차"라 함은 「자동차관리법」 제3조의 규정에 의한 승용자동차 및 승합자동차를 말한다.

2. "여객자동차운수사업"이라 함은 여객자동차운송사업 · 자동차대여사업 및 여객자동차터미널사업을 말한다.

3. "여객자동차운송사업"이라 함은 다른 사람의 수요에 응하여 자동차를 사용하여 유상으로 여객을 운송하는 사업을 말한다.

제12조 (명의이용금지 등)

① 운송사업자는 다른 운송사업자 또는 운송사업자가 아닌 자로 하여금 유상 또는 무상으로 그 사업용 자동차의 전부 또는 일부를 사용하여 여객자동차 운송사업을 경영하게 할 수 없다. (...)

제85조 (면허취소 등)

① 국토해양부장관 또는 시 · 도지사는 여객자동차 운수사업자가 다음 각 호의 어느 하나에 해당하는 때에는 「면허 · 등록 · 허가 또는 인가를 **취소하거나**」, 「6월

이내의 기간을 정하여 사업의 전부 또는 일부의 **정지를 명하거나**, 노선폐지 · 감차 등을 수반하는 **사업계획의 변경을 명할 수 있다**」. 다만, 제5호 · 제8호 및 제39호의 경우에는 면허 또는 등록을 취소하여야 한다.

3. 중대한 교통사고 또는 빈번한 교통사고로 인하여 많은 사상자를 발생하게 한 때

13. 제12조에 따른 명의이용금지를 위반한 때

39. 이 조에 따른 사업정지명령을 위반하여 사업정지기간 중에 사업을 경영한 때

3. 비례원칙 위반의 효과

비례의 원칙에 반하는 행정권행사는 재량에 하자가 있는 것으로 '위법' 하여 무효 또는 취소될 수 있다. 한편 비례의 원칙에 반하는 법령은 위헌 또는 위법으로서 '무효' 가 된다.

판례 요정출입을 이유로 파면한 처분에 대해 취소를 구한 사건

원고가 단지 1회 훈령에 위반하여 요정 출입을 하다가 적발된 것만으로는 공무원의 신분을 보유케 할 수 없을 정도로 공무원의 품위를 손상케 한 것이라 단정키 어렵다. 다른 한편, 원고를 면직에 처함으로서만 위와 같은 훈령의 목적을 달할 수 있다고 볼 사유를 인정할 자료는 없다.

오히려 원고의 비행정도라면 이보다 가벼운 징계처분으로서도 능히 위 훈령의 목적을 달할 수 있다고 볼 수 있는 점 등에 비추어 생각하면 이 사건 파면처분은 이른바 비례의 원칙에 어긋난 것으로서(...), 심히 그 재량권의 범위를 넘어서 한 위법한 처분이라고 아니할 수 없다(대판 1967.5.2. 67누24).

보충자료 비례의 원칙

▶ 사례 : U의 시설에서 분출되는 유해물질로 인해 인근 주택가의 지붕은 매연과 그을음으로 뒤덮이게 되었다. 이에 행정청은 유해물질여과기능을 하는 특정 필터를 설치할 것을 명하였다. 하지만 이로써는 매연발산을 저지할 수 있는 상황이 아니다. 그렇다면 이러한 처분은 재량의 일탈(유월)로써 위법한가?

➟ 행정행위는 행정청에 의해 추구된 목적달성에 우선은 '적합(geeignet)' 해야 한다. 이는 만일 취해진 조치가 추구한 목적에 적어도 어느 정도의 기여를 한다면 적합한 것이 된다. 대개 경우에 있어서, 행정행위는 의도한 목적달성에 예외적으로 '완전히' 부적격인 경우가 아니라고 한다면 적합하다고 해야 할 것이다.

≫ **상기 사례의 해결** : U의 시설에 필터를 설치하는 것만으로는 유해물질발산을 전혀 감소시키지 못한다. 그러므로 행정청의 처분은 적합하지 않으며, 이러한 행정행위는 비례의 원칙에 반하므로 위법하다.

▶ 사례 : 10만 명의 인원이 '기후보호' 를 위한 시위를 평화롭게 열기위해 집결하였다. 그들 중에 시위과정에서 유리창을 깨트려 부수는 3명의 평화교란자가 있었다. 경찰은 집회자체를 해산하였다. 이 집회해산조치는 적법한가?

➟ '비례의 원칙' 은 행정행위의 '적합성' 외에도 '필요성(최소침해성)' 을 요구하고 있다. 행정행위는 만일 "행정청에게 마찬가지의 효과가 있는 한편 더 부드럽고 완화된 조치가 남아 있지 않는다면" 필요성원칙에 반하지 않는다. 즉 행정청은 또 다른 대체수단이 있는지, 그리고 이 수단이 목적달성에 똑같이 효과적인 반면 행정조치의 상대방에게는 덜 침해적인지 여부를 숙고해야만 한다.

≫ **상기 사례의 해결** : 10만 명의 집회를 단지 3명의 난동자들 때문에 해산하는 것은 '필요성(최소침해)원칙' 에 위반하는 것이다. 오히려 경찰은 이 세 명의 책임자를 집회장소로부터 퇴거시키는 것만으로 족할 것이다. 이러한 조치는 치안교란상태를 종결시키는데 좀 더 부드러운 수단이며 동시에 목적달성에 동일한 효과가 있는 것이라고 볼 수 있을 것이다.

▶ 사례 : A는 자신의 고급빌라를 허가받은 것보다 1.5cm 더 가까이 이웃사람의 대지에 접하게 건축하였다. 이는 원래 부여된 건축허가에 위배되므로, 담당 행정

청은 건물을 헐 것을 명하였다. 적법한가?

➡ 행정행위가 적합하고, 침해를 최소화한다는 것만으로는 비례의 원칙을 충족시키지 못한다. 즉 행정행위는 또한 '상당하여야(angemessen)' 한다. 만일 행정청에 의해 추구된 목적에 불비례관계에 서는 개인의 불이익이 초래된다면 행정행위는 상당하지 않은 것이 된다. 다시 말해, 종국적으로 행정청의 조치에 의해 개인의 이익이 침해되는 강도는 추구된 목적의 중요성과 비교되어야만 한다. 만일 명백한 불균형이 존재한다면, 즉 침해되는 개인의 이익이 달성하고자 하는 행정청의 목적보다 훨씬 중대하다면, 그 조치는 상당하지 않다.

≫ **상기 사례의 해결**: 대지경계에 불과 1.5cm 더 가까이 건축한 것만으로 인하여 빌라를 철거하라는 명령은 과도하다. 달성하고자 하는 목적과 침해의 강도 사이에는 현저하게 불균형이 존재한다. 따라서 철거처분은 비례의 원칙에 위반됨을 이유로 재량에 하자가 있는 것이 되고, 위법하다.

IV. 신뢰보호의 원칙

1. 의의

신뢰보호의 원칙이란 개인이 행정청의 일정한 (명시적, 묵시적) 언동의 정당성 또는 존속성에 대하여 신뢰한 경우, 그 신뢰가 보호받을 가치가 있는 한, 그 신뢰를 보호해주는 원칙을 말한다.

2. 신뢰보호의 성립요건

(1) 행정기관의 선행조치

행정기관의 선행조치가 있어야 한다. 즉 공적인 견해표명이 있어야 한다.

판례 해운대 구청장의 원고(주식회사 신해환경)에 대하여 행한 폐기물처리업 불허가 처분

> (1) 일반적으로 행정상의 법률관계 있어서 행정청의 행위에 대하여 신뢰보호의 원칙이 적용되기 위하여는, ① 행정청이 개인에 대하여 신뢰의 대상이 되는 공적인 견해표명을 하여야 하고, ② 행정청의 견해표명이 정당하다고 신뢰한 데에 대하여 그 개인에게 귀책사유가 없어야 하며, ③ 그 개인이 그 견해표명을 신뢰하고 이에 어떠한 행위를 하였어야 하고, ④ 행정청이 위 견해표명에 반하는 처분을 함으로써 그 견해표명을 신뢰한 개인의 이익이 침해되는 결과가 초래되어야 한다. 만일 어떠한 행정처분이 이러한 요건을 충족할 때에는, 공익 또는 제3자의 정당한 이익을 현저히 해할 우려가 있는 경우가 아닌 한, 신뢰보호의 원칙에 반하는 행위로서 위법하게 된다.
>
> (2) 폐기물처리업에 대하여 사전에 관할 관청으로부터 적정통보를 받고 막대한 비용을 들여 허가요건을 갖춘 다음 허가신청을 하였음에도 다수 청소업자의 난립으로 안정적이고 효율적인 청소업무의 수행에 지장이 있다는 이유로 한 불허가처분은, 신뢰보호의 원칙 및 비례의 원칙에 반하는 것으로서 재량권을 남용한 위법한 처분이다.
>
> (3) 행정처분이 위법한 때에는 이를 취소함이 원칙이고 그 위법한 처분을 취소·변경함이 도리어 현저히 공공의 복리에 적합하지 않은 경우에 극히 예외적으로 위법한 행정처분의 취소를 허용하지 않는다는 '사정판결(事情判決)'을 할 수 있으므로 사정판결의 적용은 극히 엄격한 요건 아래 제한적으로 하여야 한다.
>
> (4) 본 건의 경우 폐기물처리업에 대한 불허가처분의 취소가 현저히 공공복리에 적합하지 아니하는 때에 해당한다고 볼 수 없어 사정판결을 할 대상이 되지 아니한다(대판 1998.5.8. 98두4061).

(2) 보호할만한 가치 있는 신뢰가 존재(상대방의 귀책사유가 없을 것)

행정기관의 선행행위에 대한 상대방의 신뢰는 보호할 가치 있는 것이라야 한다. 즉, 선행조치의 정당성 또는 존속성에 대한 신뢰가 보호가치 있는 것이어야 한다. 다시 말해, 신뢰하게 된 데 대하여 국민에게 책임이 있는 사유(귀

책사유)가 있어서는 안 된다. 따라서 부정행위(사기, 강박, 증·수뢰, 부정신고 등)가 있었거나, 그 위법성을 인식하고 있었던 경우에는 보호되지 않는다.

판례 고흥군 LPG 충전소 사건

> LPG(액화석유가스) 충전소설치예정지로부터 100미터 내에 있는 건물주의 동의를 모두 얻지 아니하였음에도 불구하고 이를 갖춘 양 허가신청을 하여 그 허가를 받아낸 것은 처분의 하자가 당사자의 사실은폐 내지 허위의 방법에 의한 신청행위에 기인한 것이다. 따라서 그 처분에 의한 이익이 위법하게 취득되었음을 알아 그 취소 가능성도 능히 예상하고 있었다고 보아야 할 것이므로 수익적 행정행위(授益的 行政行爲)인 액화석유가스 충전사업허가처분의 취소에 위법이 없다(대판 1992.5.8, 91누13274).
>
> → 본 사안에서는 당사자의 유책성(有責性)으로 인해 신뢰보호의 원칙이 적용되지 않았다. 즉 선행조치에 대한 신뢰를 보호받고자 하는 자의 부정행위가 있었던 경우에는 그 신뢰는 보호되지 않는다.

(3) 신뢰에 따른 상대방의 행위

상대방인 국민이 행정기관의 선행조치에 대한 신뢰에 의거하여 일정한 처리행위(例: 투자, 건축개시 등)가 있어야 한다.

(4) 인과관계

행정기관의 선행조치와 이를 신뢰한 상대방의 처리행위 사이에 인과관계가 있어야 한다. 즉 상대방인 국민의 어떤 행위를 한 경우에도 그것이 행정청의 선행조치에 의한 것이 아니고 관련성이 없는 경우에는 신뢰보호의 원칙이 적용될 여지가 없다.

(5) 선행조치에 반하는 후행 행정작용의 존재

행정기관이 선행조치에 반하는 처분을 하여 이를 신뢰한 개인의 이익을 침해하여야 한다.

사 례 홍천 군수 사건

보건복지부장관은 강원도 홍천군을 포함한 전국 40개 군 단위 농어촌 지역의 의료시설이 취약한 점을 감안하여 '의료취약지 병원설립운영자 신청공고'를 중앙일간지에 게재하여 희망자를 모집하고 있다. 이와 관련하여 병원설립운영자에게는 병원개원 이후 5년간 법인세는 물론, 취득세, 재산세, 등록세 등 각종 지방세를 감면해 주겠다고 발표하였다. 이에 A는 이를 믿고 의료기관의 개설허가를 받아 홍천군 내에 건물을 신축하여 홍천병원으로 사용하였다. 그런데 홍천군수는 병원개설 후 채 1년도 안되어서 건물의 재산세 등에 대한 부과처분을 하였다. 이에 A는 이의를 제기하자, 홍천군수는 "위의 지방세에 대한 과세 관청은 기초자치단체인 군이지 보건복지부장관이 아니므로 A의 주장은 이유 없다"고 하였다. 홍천군수의 위 과세처분(課稅處分)은 적법한가?

(1) **쟁점** :

홍천군수의 과세처분이 신뢰보호의 원칙을 위반한 행위로써 위법한 것인지가 문제됨. 특히 지방세징수에 관해 권한 없는 보건복지부장관의 위 공적 견해표명을 신뢰보호의 원칙상 행정기관의 선행조치로 볼 수 있을 것인지가 문제된다.

☞ **판례는 납세자의 신뢰를 더 보호해야 할 필요가 있는 경우, 형식적 권한이 없는 자의 공적 견해표명도 선행조치로 볼 수 있다고 봄** :

"신의성실의 원칙은 합법성을 희생해서라도 납세자의 신뢰를 보호함이 정의, 형평에 부합하는 것으로 인정되는 특별한 사정이 있는 경우에 적용되는 것으로써 납세자의 신뢰보호라는 점에 그 법리의 핵심적 요소가 있는 것이다.

따라서 위 요건의 하나인 과세관청의 공적견해표명이 있었는지의 여부를 판단하는데 있어 반드시 행정조직상의 형식적인 권한분장에 구애될 것은 아니다. 즉

담당자의 조직상의 지위와 임무, 당해 언동을 하게 된 구체적인 경위 및 그에 대한 납세자의 신뢰가능성에 비추어 실질에 의하여 판단하여야 한다"(대판 1996.1.23, 95누13746).

(2) 사안의 해결

보건복지부장관의 국세 및 지방세를 비과세(非課稅)하겠다는 발표에 대한 납세자의 신뢰는 보호되어야 함이 타당하다. 즉 위 비과세의 견해표명은 당해 과세관청인 홍천군의 견해표명과 마찬가지로 보아야 할 것이다. 따라서 홍천군수의 위 과세처분은 위법하다.

3. 신뢰보호원칙의 한계

신뢰보호원칙과 행정의 법률적합성원칙이 충돌하는 경우에 이 양자의 관계를 어떻게 조정할 것인가에 대한 문제가 제기된다. 생각건대 적법상태의 실현에 대한 공익(公益)과 행정작용에 대한 개인의 신뢰보호의 사익(私益)을 개별적인 사안에 따라 비교 형량하여 판단하여야 할 것이다.

4. 신뢰보호원칙 위반의 효과

신뢰보호원칙에 반하는 행정권행사는 '위법'하여 무효 또는 취소될 수 있다.

V. 부당결부금지의 원칙

부당결부금지(不當結付禁止)의 원칙이란, 행정기관이 행정작용을 함에 있어서 그것과 실질적인 관련성이 없는 상대방의 반대급부와 결부시켜서는 안 된다는 원칙을 말한다.

☞ 例 1 : 교통법규 위반을 이유로 건축허가를 거부하는 것은 부당결부금지 원칙에 위배된다(부당결부).

例 2 : 건축법에 위반하는 건축물을 사용하여 행할 영업에 대하여 허가를 거부하는 것은 부당결부금지원칙에 위배되지 않는다(정당결부).

하지만 당해 위법건축물을 사용하지 않는 다른 영업허가를 거부하는 것은 부당결부금지의 원칙에 위배된다(부당결부).

例 3 : 건축법에 위반된 위법건축물이 있을 경우, 이 건축물에 대해 시정명령이 내려졌음에도 이를 이행하지 않는 자에 대해 수도·전기·가스 등의 공급을 중단하는 조치는 부당결부금지원칙에 위배된다(부당결부).

타 일반원칙들과 마찬가지로 부당결부금지의 원칙에 반하는 행정권행사는 '위법' 하여 무효 또는 취소될 수 있다(행정의 실효성 확보수단인 '공급거부' 와 '관허사업제한' 이 부당결부금지원칙에 위배되는지 여부와 관련된 문제는 아래의 § 15 Ⅳ. 2. (1), (2) 참조).

판례 주택사업과 무관한 토지의 기부채납처분 – 부당결부금지원칙에 위반

> "주택사업계획을 승인하면서 입주민이 주로 이용하는 진입도로의 개설 또는 확장, 공원부지, 학교부지의 조성과 함께 그의 기부를 의무지우는 것은 당해 토지 또는 시설이 대규모주택사업으로 필요하게 된 것이다. 또한 당해 공공시설은 당해 주택사업계획의 승인에 따라 건설된 주택에 입주한 자가 주로 이용하는 시설이므로 주된 이용자가 이들 시설을 부담하는 것이 타당하다. 그러나, 주택사업과 아무런 관련이 없는 토지를 기부채납하라는 부관은 부당결부금지의 원칙에 반하여 위법하다" (대판 1997.3.11. 96다49650).

§4 행정법관계의 당사자

Ⅰ. 의의

행정법관계도 법률관계이므로 권리·의무의 귀속주체로서 대립하는 당사자(행정주체와 행정객체)가 있어야 한다. '행정주체(行政主體)'란 행정법관계에 있어서 행정권의 담당자로서 행정권을 행사하고 그 법적효과가 귀속되는 당사자를 말한다. 행정주체에는 국가, 공공단체, 행정사무를 위임받은 사인이 있다.

한편 '행정객체(行政客體)'란 행정주체의 상대방으로서 행정권 발동의 대상이 되는 자를 말한다. 행정의 상대방으로는 사인이 되는 것이 일반적이지만 경우에 따라서는 공공단체도 그 대상이 될 수 있다. 예컨대, 국가가 행정주체이면 그 상대방은 공공단체나 사인이 고려될 수 있고, 공공단체와 사인이 행정주체이면 그 상대방은 사인이 되는 것이 보통일 것이다. 이하에서는 행정주체를 중심으로 살펴본다.

Ⅱ. 행정주체

1. 공법인

(1) 국가

국가는 행정권을 다른 곳으로부터 위임받은 것이 아니라 시원적(始原的)인 권한을 가지는 행정주체이다.

(2) 공공단체

공공단체(公共團體)에는 지방자치단체, 공공조합이 있다(아래의 표 5 참조). 한편 공공단체의 개념에 지방자치단체, 공공조합을 비롯하여 영조물법인, 공법상 재단을 모두 포함하기도 하는데 이러한 분류가 우리나라에서는 다수를 차지하는 듯하다. 그러므로 이하에서는 이에 입각하여 설명하기로 한다.

1) 지방자치단체

지방자치단체(地方自治團體)는 국가의 영토의 일부인 일정 지역을 그 구성단위로 하여, 그 지역 안의 주민을 통치하는 포괄적 자치권을 가진 단체이다.

지방자치단체에는 「보통지방자치단체(서울특별시, 광역시, 도, 시 · 군 · 구)」와 「특별지방자치단체(지방자치단체조합 등)」가 있다. 보통지방자치단체는 광역지방자치단체(서울특별시, 광역시, 도)와 기초자치단체(시, 군, 자치구)로 구별된다.

지방자치단체의 기관에는 「의결기관(시의회, 도의회, 시 · 군 · 구의회 등)」과 「집행기관(시장, 도지사, 군수, 구청장 등)」이 있어, 이 기관을 통하여 그 자치사무와 위임사무를 처리한다.

2) 공공조합－일정한 자격을 지닌 회원으로 구성/ 회원의 변동에 영향 받지 않음

공공조합(公共組合)이란 특정한 행정목적을 위하여 '일정한 자격'을 가진 사람의 결합체에 공법상의 법인격이 부여된 단체를 말한다. 공법상 사단법인이라고도 한다. 공공조합은 일정한 지역을 그 존립기반으로 하는 것이 아니라는 점에서 지방자치단체와 다르다.

공공조합은 여러 가지 행정목적을 위하여 설립되는 것으로서, 농업협동조합, 임업협동조합, 재개발조합, 의료보험조합, 재향군인회, 변호사회 등이 있다.

3) 영조물법인－인적 · 물적 수단의 결합체/ 회원 없음, 이용자 있음

일정한 행정목적을 달성하기 위하여 설립된 '인적 · 물적 수단의 결합체'에 공법상의 법인격을 부여하고 있는 경우 이를 영조물법인(營造物法人)이라 한다.

이에는 공단을 비롯하여 공사와 같은 공기업이 있다. 예컨대 국민건강보험공단, 국민연금관리공단, 공무원연금관리공단, 한국방송공사, 한국도로공사, 한국전력공사, 한국토지공사, 서울특별시지하철공사, 한국은행, 한국산업은행 등을 들 수 있다. 한편 국립·시립도서관, 도립·시립병원도 영조물 법인에 해당한다고 할 수 있다.

4) 공법상재단－재산으로 형성됨/ 회원 없음, 이용자 없음, 단지 수혜자만 있음

공법상재단(公法上財團)이란 국가나 지방자치단체가 출자한 재산을 관리하기 위하여 설립된 재단법인을 말한다. 공법상재단의 중심적 요소는 일정한 행정목적을 위하여 출연된 재산의 결합체이다. 바로 이 점에서 인적·물적 수단의 결합체인 영조물법인과 차이가 있다. 공법상재단의 경우에도 이를 관리하는 인적 수단이 있기는 하나, 그것은 부수적 수단에 지나지 않는다.

공법상재단에는 공공조합에서와 같은 구성원이 없고, 또한 영조물법인의 경우와 같은 이용자도 없고, 다만 수혜자만이 존재한다. 현행법상 공법상재단의 예는 드문 편이며, 한국연구재단, 경산시장학회를 그 예로 들 수 있을 것이다.

2. 공무수탁사인 - 공권력이 부여된 사인

(1) 사인(私人)은 국가 등의 행정주체에 대하여 그 상대방의 지위에 있는 것이 보통이다. 그러나 특정 행정의 수행을 위하여 관계 법규상 또는 법규에 근거한 행정행위에 의해 사인에게 일정한 공권력(고권적 권능)이 부여되는 경우가 있다. 이들을 공무수탁사인(公務受託私人)이라고 하는데, 공 행정사무를 '독립적' 으로 그리고 '자신의 이름' 으로 처리할 권한을 갖는다.

(2) 예컨대, ①「공익사업을 위한 토지 등의 취득 및 보상에 관한법률」 제19조, 제20조에 따라 공공사업의 시행자로서 사인이 개인의 토지를 수용하거나, ②「별정우체국법」 제3조에 의해 사인이 별정우체국의 지정을 받아 우편업무를 취급하는 경우, ③「사법경찰관리의 직무를 수행할 자와 그 직무범위에 관한 법률」 제7조,「항공안전 및 보안에 관한 법률」 제22조,「선원법」 제25조, 제26조 등 에 의하여 항공기의 기장과 상선의 선장이 경찰업무를 수행

하는 경우, ④ 「민영교도소 등의 설치·운영에 관한 법률」 제3조, 제4조에 의해 사인이 교정업무를 위탁받아 교도소를 운영하는 경우, ⑤ 「자동차관리법」 제45조, 제45조의2에 따라 개인이 자동차정기검사를 행하는 경우

〈공익사업을 위한 토지 등의 취득 및 보상에 관한 법률〉

제19조 (토지 등의 수용 또는 사용) ① 사업시행자는 공익사업의 수행을 위하여 필요한 때에는 이 법이 정하는 바에 따라 토지 등을 수용 또는 사용할 수 있다.

제20조 (사업인정) ① 사업시행자는 제19조의 규정에 따라 토지 등을 수용 또는 사용하고자 하는 때에는 대통령령이 정하는 바에 따라 국토해양부장관의 사업인정을 받아야 한다.

〈사법경찰관리의 직무를 수행할 자와 그 직무범위에 관한 법률〉

제1조 (목적) 이 법은 「형사소송법」 제197조에 따라 사법경찰관리의 직무를 수행할 자와 그 직무범위를 정함을 목적으로 한다.

제7조 (선장과 해원 등) ① **해선 안에서** 발생하는 범죄에 관하여는 **선장**은 사법경찰관의 직무를, 사무장 또는 갑판부, 기관부, 사무부의 해원중 선장의 지명을 받은 자는 사법경찰리의 직무를 수행한다. ② **항공기 안에서** 발생하는 범죄에 관하여는 **기장**과 승무원이 제1항에 준하여 사법경찰관 및 사법경찰리의 직무를 수행한다.

〈선원법〉

제25조 (위험물 등에 대한 조치) ① 흉기, 폭발하거나 불붙기 쉬운 물건, 「유해화학물질 관리법」에 의한 유독물 그밖에 위험성이 있는 물건을 가지고 승선한 자는 즉시 선장에게 신고하여야 한다. ② 선장은 제1항의 규정에 의한 물건에 대하여 보관·폐기등 필요한 조치를 할 수 있다. ③선장은 해원 그밖에 선박 안에 있는 자가 인명 또는 선박에 위해를 줄 염려가 있는 행위를 하는 때에는 그 위해를 방지하는데 필요한 조치를 할 수 있다.

〈항공안전 및 보안에 관한 법률〉

제22조 (기장 등의 권한) ① 기장이나 기장으로부터 권한을 위임받은 승무원 또는 승객의 항공기 탑승 관련 업무를 지원하는 항공운송사업자 소속 직원 중 기장의 지원요청을 받은 자는 항공기의 안전을 해치고 인명 · 재산에 위해를 주며 기내의 질서를 문란시키거나 기내의 규율에 위반하는 행위를 하려고 하는 자에 대하여 그 행위를 저지시키기 위한 필요한 조치를 할 수 있다. ② 항공기 내에 있는 자는 제1항의 규정에 의한 조치에 관하여 기장등의 요청이 있는 때에는 협조를 하여야 한다.

④ 기장으로부터 권한을 위임받은 승무원 또는 승객의 항공기 탑승 관련 업무를 지원하는 항공운송사업자 소속 직원 중 기장의 지원요청을 받은 자가 제1항에 따른 조치를 할 때에는 기장의 지휘를 받아야 한다.

〈별정우체국법〉

제1조 (목적) 이 법은 우체국이 없는 지역에 별정우체국을 설치 · 운영하여 국민의 편리를 도모하고 직원의 퇴직 및 사망에 대하여 적절한 급여제도를 확립함으로써 직원 및 그 유족의 경제적 생활안정과 복리향상에 기여함을 그 목적으로 한다.

제2조 (정의) ① 이 법에서 사용하는 용어의 정의는 다음과 같다.

1. '별정우체국' 이라 함은 미래창조과학부장관의 의 지정을 받아 자기의 부담으로 청사 기타 시설을 갖추고 국가로부터 위임받은 체신업무를 수행하는 우체국을 말한다.

제3조 (별정우체국의 지정 등) ① 별정우체국을 설치 · 운영하고자 하는 자는 대통령령이 정하는 바에 의하여 미래창조과학부장관의 지정을 받아야 한다.

〈민영교도소 등의 설치 · 운영에 관한 법률〉

제3조 (교정업무의 민간위탁) ① 법무부장관은 필요하다고 인정하는 때에는 이 법이 정하는 바에 의하여 교정업무를 공공단체외의 법인 · 단체 또는 그 기관이나 개인에게 위탁할 수 있다.

제4조 (위탁계약의 체결)

② 법무부장관은 필요하다고 인정하는 때에는 민영교도소등의 직원이 담당할 업무와 민영교도소등에 파견된 소속공무원이 담당할 업무를 구분하여 위탁계약을 체결할 수 있다.

〈자동차관리법〉

제45조 (지정정비사업자의 지정 등)

① 국토교통부장관은 정기검사를 효율적으로 하기 위하여 필요하다고 인정하면 자동차정비업자 중 일정한 시설과 기술인력을 확보한 자를 지정정비사업자로 지정하여 '정기검사' 업무를 수행하게 할 수 있다.

제45조의2 (종합검사 지정정비사업자의 지정 등)

① 국토교통부장관은 종합검사를 효율적으로 하기 위하여 필요하다고 인정하면 환경부장관과 협의하여 자동차정비업자 중 일정한 시설과 기술인력을 확보한 자를 '자동차종합검사' 지정정비사업자로 지정하여 종합검사를 하게 할 수 있다.

☞ 행정보조인(행정보조자)

행정보조인은 행정임무를 자기책임 하에 수행하지 않고 단순한 기술적 집행만을 떠맡으며 행정주체의 단순한 '도구(Werkzeug)'로 사용된다. 공무수탁사인과는 달리 행정보조인과 제3자 사이에는 아무런 법률관계가 존재하지 않는다.

例: i) 자동차 견인업무를 대행하는 자동차견인업체(「도로교통법」 제36조), ii) 행정 대집행에서 대집행하는 私人 등

※ **「도로교통법」 제36조(차의 견인 및 보관업무 등의 대행)** ① 경찰서장 또는 시장 등은 제35조의 규정에 의하여 견인하도록 한 차의 견인·보관 및 반환 업무의 전부 또는 일부를 그에 필요한 인력·시설·장비 등 자격요건을 갖춘 법인·단체 또는 개인으로 하여금 대행하게 할 수 있다.

☞ 공의무부담사인

공의무부담사인은 행정권한을 행사하는 것이 아니고 법률에 의해 직접 행정

임무수행의 의무를 부담하는 자를 말한다. 행정권한을 행사하는 것이 아니므로 사인의 신분을 그대로 유지하며, 자신의 이름으로 행정권한을 직접 행사하는 공무수탁사인과 구별된다.

例: i) 소득세 및 의료보험료 원천징수의무자(「소득세법」 제127 · 128조, 「국민건강보험법」 제68조),[10] ii) 석유정제업자 · 수출입업자 등의 석유비축의무(「석유 및 석유대체연료사업법」 제17조).

[표 5] 행정주체의 종류

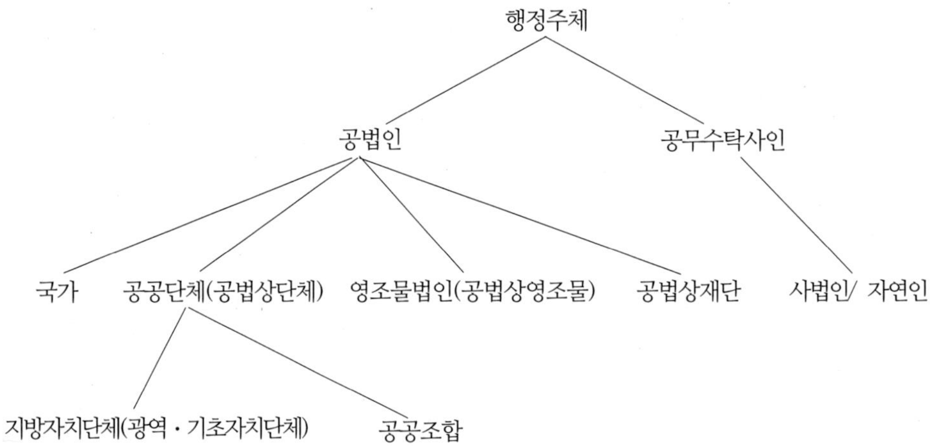

※ 앞에서 언급한 대로 우리나라에서는 '공공단체'에 지방자치단체, 공공조합, 영조물법인, 공법상재단을 모두 포함시키는 것이 일반적임

10) "원천징수하는 소득세에 있어서는 납세의무자의 신고나 과세관청의 부과결정이 없이 법령이 정하는 바에 따라 그 세액이 자동적으로 확정되고, 원천징수의무자 소득세법 제142조 및 제143조의 규정에 의하여 이와 같이 자동적으로 확정되는 세액을 수급자로부터 징수하여 과세관청에 납부하여야 할 의무를 부담하고 있으므로, 원천징수의무자가 비록 과세관청과 같은 행정청이더라도 그의 원천징수행위는 법령에서 규정된 징수 및 납부의무를 이행하기 위한 것에 불과한 것이지, 공권력의 행사로서의 행정처분을 한 경우에 해당하지 아니한다(대판 1990.3.23.,89누4789)".

보충자료 행정법상의 법률요건과 법률사실

1. 의의

행정법관계의 발생 · 변경 또는 소멸의 법률효과를 발생시키는 원인을 행정법상의 법률요건이라고 하고, 법률요건을 이루는 개개의 사실을 법률사실이라고 한다.

2. 행정법상 법률사실의 종류

이는 행정법상 사건과 행정법상 용태로 구분된다. 행정법상 사건은 사람의 정신작용을 요소로 하지 않는 법률사실을 말한다(예 : 기간 · 시효 · 제척기간). 행정법상 용태는 사람의 정신적 작용을 요소로 하여 이루어지는 법률사실을 의미하며, 외부적 용태와 내부적 용태로 나뉜다. 외부적 용태는 사람의 정신적 작용이 외부적 거동을 발현된 것으로서 일정한 행정법상의 법률효과를 발생시키는 것이다(공법행위). 내부적 용태는 외부에 표시되지 않은 정신적 작용으로서 일정한 행정법상의 법률효과를 발생시키는 것이다(고의, 과실). 이하에서는 공법상의 행위에 대해 간략히 살펴본다.

3. 공법상의 행위

이것은 공법관계에서 공법적 효과를 발생 · 변경 · 소멸시키는 행위를 말한다. 공법행위 중 행정주체의 공법행위로는 행정입법, 행정행위, 공법상 계약을 들 수 있고, 사인의 공법행위로는 신고, 신청이 언급 될 수 있다.

보충자료 행정주체/ 공 · 사법 구별이론

행정주체(공 행정의 주체)중 국가를 제외한 공법인(公法人)	
공법상 단체(공공단체) (Körperschaften des öffentlichen Rechts)	▸ 공공업무의 수행을 목적으로 ▸ 회원(구성원)에 기초한 결합체 ▸ 구성원은 단체의 의사형성(Willensbildung)에 주요한 영향력을 지니고 ▸ 단체의 존속은 구성원의 교체에 영향을 받지 않음 例 : − 지역단체: 지방자치단체 − 인적단체: 농업협동조합, 재개발조합, 의사협회, 변호사협회, 국립대학교
공법상 영조물(영조물법인) (Anstalten des öffentlichen Rechts)	▸ 공공업무의 수행을 목적으로 ▸ 조직상(그리고 법적으로) 독립된 인적 · 물적 수단의 결합체 ▸ 일반적으로 국민들에게 이용될 수 있도록 제공됨 例 : 한국방송공사(KBS), 한국전력공사, 한국산업은행
공법상재단 (Stiftungen des öffentlichen Rechts)	▸ 공공업무의 수행을 목적으로 ▸ 법적으로 독립된 재산의 집합체 例 : 한국연구재단, 한국장학재단, 경산시장학회

⧐ **구별**: − '공법상 단체(지방자치단체, 공공조합)' 는 구성원(회원)이 있음
− '공법상 영조물' 은 이용자 있음
− '공법상 재단' 은 수익자(수혜자)가 있음

⧐ **참고**: 우리나라에서는 '공법상 단체' 를 '공공단체', '공법상 영조물' 을 '영조물법인' 이라 칭함

공 행정의 주체(Träger Öffentlicher Verwaltung)

▶ 국가(대한민국)

▶ 국가 하위의 행정주체들

공법상단체(공공단체) : 지방자치단체/ 공공조합
- ▸ 공공업무의 수행을 목적
- ▸ 회원(구성원)에 기초
- ▸ 회원의 변동에 무관함

공법상영조물 (영조물법인)
- ▸ (특정한) 공공업무의 수행을 목적
- ▸ 조직적으로 독립된
- ▸ 人的·物的 수단의 결합체
- ▸ 이용할 수 있도록 제공

공법상재단
- ▸ 공공업무의 수행을 목적
- ▸ 법적으로 독립된 재산덩이

사법상으로 조직된 행정주체
- ▸ 공공업무의 수행을 목적
- ▸ 국가·지방자치단체에 의해 설립·감독되는
- ▸ 사법상의 법인

사인(私人)

공무수탁사인
- ▸ 법규 또는 법규에 의거한 행정행위를 근거로 고권적 업무 위탁
- ▸ 자신의 이름으로 행위

행정보조자
- ▸ 위임과 지시에 의한 보조행위만 수행
- ▸ 비독립적

공 법 구 분 사 법

공법	구분	사법
침 해 행 정	▸ 명 백	국 고 행 정
- 행정행위 - 강제수단 - 조례 - 공공요금, 수수료, 사용료	▸ 징 표	- 계약 - 약관 - 보수

← 사안관련 →

▸ 전통적 구별이론들

공법	사법
▸ 이익설 - 일반적 공익	- 개인의 사익
▸ 종속설 - 상하 복종관계	- 대등 관계
▸ 주체설 - 적어도 한쪽당사자가 행정주체	- 양당사자 모두 사인

▸ 의심스러울 땐 : 공법으로

§5 행정작용법 : 개설

Ⅰ. 행정작용법의 의의

행정관청은 업무를 수행하기 위해 여러 가지 유형의 행위형식을 사용하게 된다. 즉 현대에 들어 행정은 질적·양적 확대에 따라 행정의 행위 형식이 매우 다양해지고 있다. 이와 같이 다양한 행정작용을 일정한 기준에 따라 분류하여, 행정이 이루어지고 있는 유형을 법적인 관점에서 체계 있게 파악하려는 것이 행정작용법의 내용이다.

전통적인 행정의 행위형식으로는 '행정행위(行政行爲)(Verwaltungsakt: VA)', '행정입법(行政立法)', '사실행위(事實行爲)', '공법상 계약(公法上 契約)'이 논의되어 왔다. 하지만 오늘날에는 이러한 행정작용형식 외에도 '행정계획(行政計劃)', '행정지도(行政指導)' 등이 새로운 유형으로 등장하게 되었다. 이 중에서 '행정행위(VA)'는 행정작용의 가장 중요한 형식이며, 행정법상의 핵심개념이라고 할 수 있다.[11)]

---

11) 조례(條例)도 행정의 행위형식중 하나라고 할 수 있으나, 전통적으로 행정법 각론편의 지방자치법에서 다룬다.

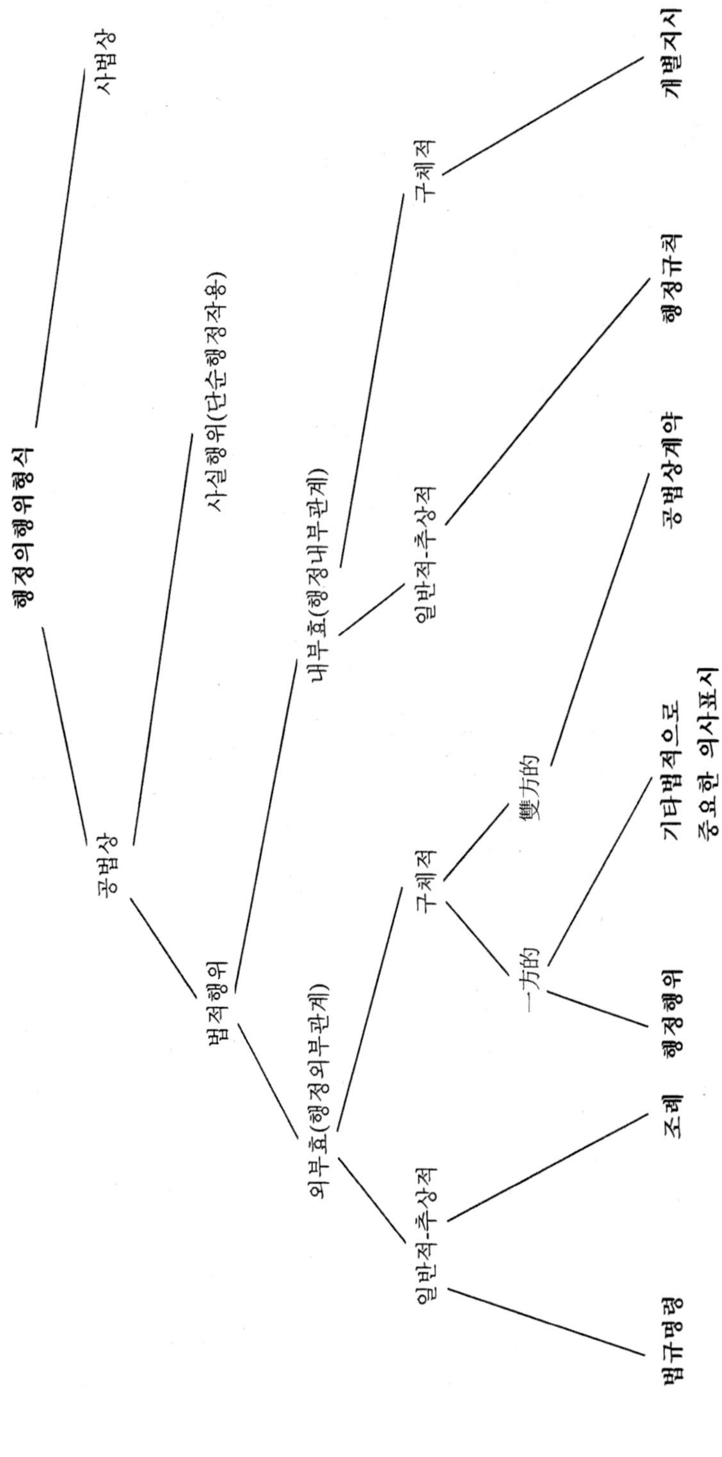
행정의행위형식
사법상
공법상
사실행위(단순행정작용)
법적행위
내부효(행정내부관계)
외부효(행정외부관계)
구체적
일반적-추상적
개별지시
행정규칙
공법상계약
구체적
雙方的
一方的
기타법적으로
중요한 의사표시
행정행위
일반적-추상적
조례
법규명령

II. 행정의 행위형식의 몇 가지 개관

1. 행정입법

행정입법(行政立法)이란 행정기관이 일반적·추상적인 규정을 정립하는 작용 또는 그에 따라 정립된 규범을 말한다. 여기서 '일반적(一般的)' 이란 그 상대방이 특정되어 있지 않은 것을, '추상적(抽象的)' 이란 적용되는 사건이 특정되어 있지 않은 것을 말한다.

즉 '일반적' 이란 불특정다수인에게 적용된다는 것을 의미하며, '추상적' 이란 불특정다수의 사안에 적용된다는 것을 의미 한다. 행정입법에는 법규명령(法規命令)과 행정규칙(行政規則)이 있다. 전자는 법규(法規)의 성질을 가지고 대외적 효력을 미치며 후자는 그렇지 아니하다.

사 례

> 경상북도는 태양에너지전지의 개발을 장려하기 위한 예산을 별도로 편성해 두었다. 그리고 보조금교부지침(Subventionsrichtlinie)이 마련되고, 이에 의거하여 보조금교부 담당행정청이 지원을 받기위한 전제요건을 보다 구체적으로 확정하였다. 이후 태양에너지 개발에 종사하고 있던 연구소 X, Y, Z는 보조금을 받게 된 반면, 연구소 W는 지침의 요구사항들을 마찬가지로 충족하였는데도 불구하고 보조금을 교부받지 못하였다. 이 보조금지침은 어떠한 법적성격을 지니고 있는가? W는 보조금을 지원해 달라는 청구권을 행사할 수 있는가?

→ 보조금교부지침은 이른바 행정규칙에 해당한다. 행정규칙은 행정활동을 위하여 상급 행정기관이 하급 행정기관에게, 또는 상관이 부하를 향해 이루어지는 일반적인 규율이다. 이를 통하여 행정작용의 통일성이 보장될 수 있게 될 것이다. 행정청은 「헌법」 제11조 제1항의 평등원칙에 입각하여 행정규칙에 의

거한 업무처리가 반복됨에 따라 형성되는 통일적이고 일관된 행정실무에 구속된다(**행정의 자기구속**). 그러므로 타당한 이유 없이 이전의 실무관행에서 벗어나서는 안 된다.

－≫ 상기 사례에서 연구소 W는 보조금지침을 위반하였다고 주장할 수는 없을 것이다. 왜냐하면 보조금지침은 행정내부에만 효과가 발생하는 행정규칙에 해당하기 때문이다. 하지만 「헌법」 제11조 제1항의 평등원칙을 위반하였다는 주장을 할 수는 있을 것이다. 즉 X, Y, Z와 합리적인 이유 없이 차별대우해서는 안 된다는 평등의 관점 하에서, W에게는 「헌법」 제11조 제1항에 의거하여 보조금지원청구권이 부여된다고 판단된다.

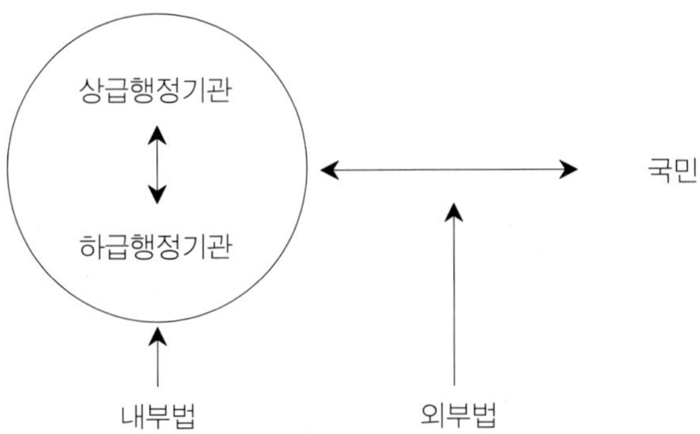

2. 사실행위

사실행위(事實行爲)란 일정한 법적효과(Rechtserfolg)의 발생을 목적으로 하는 것이 아니라, 직접적으로 사실상의 효과만을 가져오는 행정주체의 행위를 말한다.

例: 순찰, 도로・공공건물의 설치와 유지행위/ 예방접종행위/ 전염병환자의 강제격리 등

3. 공법상 계약

공법상 계약(公法上 契約)이란 행정주체 상호간에 또는 행정주체와 국민사이에 행정목적을 수행하기 위하여 체결되는 계약을 말한다.

例 : 지방자치단체 상호간에 도로・하천 등 공공시설의 관리 및 비용분담에 관한 협의(「도로법」 제58조, 「하천법」 제50조) / 지방자치단체간의 지역변경 협약/ 민영교도소 운영계약(「민영교도소등의 설치・운영에 관한 법률」 제3조)/ 계약직 공무원의 채용계약/ 보조금 지급계약/ A가 레스토랑 건축허가 신청하면서 해당토지에 주차장을 건축할 수 있는 여유가 없어서, 인근 공영주차장 건립에 1억 기부금을 납부하는 대신에 레스토랑 내 주차장 시설건립의 면제를 받기로 경산시와 계약을 체결

4. 행정계획

행정계획(行政計劃)이란 행정주체가 일정한 행정목적을 실현하기위해 장래의 일정한 목표를 설정하고, 그 달성을 위해 상호 관련된 행정수단을 종합・조정함으로써 장래의 일정한 시점에 일정한 질서를 실현할 것을 목적으로 정립하는 활동기준이라고 정의할 수 있다.

例 : 장기경제계획/ 사회복지계획/ 교육계획/ 공해방지계획/ 도시계획/ 국토종합계획 등

5. 행정지도

행정지도(行政指導)란 행정기관이 일정한 행정목적을 실현하기 위해 상대방인 국민에게 일정한 행위를 하거나 하지 않도록 지도・권고・조언 등을 하는 행위를 말한다. 이에는 구속력이 없다. 행정지도를 사실행위에 포함시켜 설명하기도 한다.

例 : 물가억제를 위한 권고/ 화재・태풍・수해 등의 피해를 막기 위한 활동

과 안전지도 등

6. 사법형식의 행정(사법행정/ 국고행정)

사법형식의 행정은 사법(私法)형식으로 이루어지는 행정으로써 '사법행정(국고행정)' 이라고도 한다. 행정주체가 사인과 대등한 위치에서 법률관계를 형성한다는 점이 특징이다. 앞의 § 1 Ⅱ. 2. (2)에서 언급한 바 있지만 이하에서 예를 들어 부연설명하기로 한다.

사 례

대구시 출입국관리사무소의 사무실 의자들은 수년간 땀을 흘리게 일을 한 덕분으로 완전히 닳아 헤어졌다. 새로운 모델인 '등 편한 의자' 가 공급되었을 때 직원들은 온통 들뜬 분위기가 되었다. 행정청은 의자의 구매를 어떤 방식으로 하였을까?

→ 출입국관리사무소는 여기서 의자공급업체와 「민법」 제563조 이하에 의거하여 보통의 구매계약을 체결하였다. 행정청은 일반적인 사인과 마찬가지로 통상의 법률행위를 한 것이다. 여기서 행정청의 구매행위는 사인에 의한 구매행위와 구별되지 않는다. 이와 같이 물품의 부족을 메우기 위해 이루어진 거래는 **'사법상의 조달행위'** 라 할 수 있다. 「고객으로서의 국가」라 칭할 수 있을 것이다.

사 례

미식가인 경산시장 B의 제안으로 경산시는 시의 지하공간을 한 식당업자에게 임대하였는데, 특히 단골손님인 시장 B의 덕분으로 영업은 번창하였다. 지하실 임대의 목적은 무엇인가?

→ 임대를 하지 않았으면 지하공간은 비어있는 상태일 것인데, 임대로 인하여 경산시의 재정수익이 창출될 수 있을 것이다. 이처럼 국가가 기업가(사업가)로써 출현하면, **영리경제활동**을 하는 것이 된다. 국가의 이와 같은 경제활동은 일반적으로 상기사례의 경우보다 훨씬 더 큰 영역에서 발생한다. 예컨대, 독일 니더작센주의 VW(폴크스바겐)에 대한 지분소유, 국가에 의한 맥주양조장 경영 등. 「기업으로서의 국가」라 칭할 수 있을 것이다.

사 례

경북 영천시는 '(주)노면전차'를 운영하고 있는데, 이 주식회사 주식의 전부는 영천시에 속해있다. 이 회사는 공립학교에 다니고 있는 초·중·고 학생에게는 반값으로 차표를 제공하는 반면, 사립학교의 학생들에게는 보통의 차표가격을 요구하고 있다. D는 추문과 스캔들을 주로 다루는 지역 저급신문인 '영천선데이'의 편집장으로 근무하고 있으며, 사립학교에 다니고 있는 3명의 사춘기에 있는 아들들을 자랑스럽게 생각하고 있는 아버지이다. 그는 (주)거리전차의 가격정책이 「헌법」 제11조 제1항의 평등원칙에 위반한다는 비난의 기사를 노발대발하여 본 신문에 기고하였다. (주)노면전차는 이에 대해 반박하였다. 즉 주식회사인 자신은 사법상의 권리주체이므로 기본권에 얽매이거나 구속될 필요 없이 운송계약을 임의로 정할 수 있다는 것이다. 편집장 D의 비난은 부분적으로 일리가 있는 것 같은가? 그렇지 않으면 사법상의 법인인 (주)노면전차의 논거가 보다 더 나은가?

→ 본 사례에서 영천시는 자신이 (주)노면전차를 설립함으로써 공공의 업무(여객 근거리운송의 확보)를 수행하기 위해 사법형식을 이용하였다. 만일 공공의 업무가 사법형식으로 이행되는 경우, 이를 **행정사법**(Verwaltungsprivatrecht)[12]라고 부른

12) 행정주체는 개인의 생존에 필수적인 급부를 제공하는 생존배려영역에 있어서 많은 경우에 사법형식으로 활동한다. 이들 급부행정은 실질적인 공행정에 해당하며 이에 따라 공법에 의해 규율되어야 할 것이다. 그러나 많은 경우에 이에 대한 적합한 행위형식이 공법상으로 마련되어 있지 않으므로 행정주체는 사법상의 계약형식을 사용하게 된다. 이러한 급부행정영역에서 행정주체가 사법형식으로 공행정을 수행하는 경우에 일정한 공법적 규율을 받게

다. 「공공업무의 이행자로서의 국가」라 칭할 수 있을 것이다.

독일의 경우 기본적으로 기본권은 사법영역에서는 효력을 미치지 않는다. 기본권이 국가와 국민간의 관계에서만 적용된다는 사실은 "기본권은 직접 효력을 미치는 법으로서 입법, 행정, 사법의 모든 국가권력을 기속" 함을 선언하고 있는 기본법 제1조 제3항에서 찾을 수 있다.[13)]

이처럼 기본권은 사법에서는 적용되지 않는 것이 원칙이지만 행정사법의 영역은 이의 예외에 해당한다. 즉, 국가는 업무수행을 위해 사법의 형식을 통해 자신의 기본권구속(Grundrechtsbindung)에서 벗어날 수 있게 되어서는 안 된다(**'사법으로의 도피 차단/사법으로의 불도피'**)('keine Flucht ins Privatrecht'). 그러므로 국가는 설령 행정사법의 영역일지라도 사법상의 규정들 외에 기본권들에 구속되고, 공법상의 권한규정, 그리고 비례의 원칙이나 평등원칙 등 행정법의 일반원칙을 준수해야 한다. 상기 사례에서 (주)노면전차는 직접적으로 「헌법」 제11조 제1항에 따라서 평등권의 구속을 받는다. 따라서 요금책정에 있어서 평등원칙을 준수해야 한다. '영천 선데이' 가 옳다.

기본논점

사법형식의 행정에 있어서 기본권에의 구속문제

1. 독일 판례에 의하면, 만일 국가가 '고객(사법상의 조달행위)' 으로서 또는 '기업가(영리경제 활동)' 로서 출현하게 되는 경우, 국가는 기본권에 구속되지 않는다. 왜냐하면 이러한 활동은 공공업무와는 무관하며, 국가가 고권적 수단을 사용하지도 않기 때문이다.

되는 것이다.

13) 우리의 경우도 헌법 제10조에서 "국가는 개인이 가지는 불가침의 기본적 인권을 확인하고 이를 보장할 의무를 진다" 고 규정되어 있는데, 즉 "국가의 기본권보장의무" 를 통하여 국가가 기본권의 구속을 받고 기본권의 수범자임을 분명하게 밝히고 있다. 여기서 국가란 입법부·행정부·사법부를 포괄하는 개념이므로 모든 공권력행사가 기본권을 존중하고 준수해야 함을 의미한다.

> 2. 이에 반해 국가가 '공공의 업무' 를 사법 형식으로 이행하는 '행정사법' 에 있어서는, 국가는 기본권의 구속에서 벗어날 수 없다(사법으로의 불도피). 이 경우 국가는 특히 헌법 제11조 제1항의 평등원칙을 준수해야 한다.

7. 행정행위

행정행위는 행정청의 여러 행위형식들 중에서 전통적으로 주요한 수단에 속한다. 행정부에 속하는 행정청은 행정행위로써 자신의 업무를 수행한다. 즉 입법부에 의해 추상적 형태로(in abstrakter Form) 제정되어 있는 법률을 행정행위를 수단으로 개개의 구체적인 사안들에 적용시키는 것이다.

독일의 경우 행정절차법 제35조 제1문에서 행정행위의 개념을 직접 정의하고 있다.

> **☞ 독일 행정절차법 제35조 제1문(행정행위의 개념)**
> 행정행위란 '행정청' 이 '공법상의 영역' 에서 개개의 '구체적 사안' 을 '규율' 하기 위해 발하는 것으로써 '외부에 대해 직접적인 법적효과' 를 발산하는 모든 처분, 결정 또는 기타의 '고권적 조치' 를 말한다.
>
> VwVfG § 35(Begriff des Verwaltungsaktes)
> Verwaltungsakt ist jede Verfügung, Entscheidung oder andere hoheitliche Maßnahme, die eine Behörde zur Regelung eines Einzelfalls auf dem Gebiet des öffentlichen Rechts trifft und die auf unmittelbare Rechtswirkung nach außen gerichtet ist.

□ 독일 행정절차법 제35조 제1문에 따른 행정행위의 개념징표들

1. 행정청(Behörde)
2. 공법상 영역(Gebiet des öffentlichen Rechts)
3. 구체적 사실(사안)(Einzelfall)
4. 규율(Regelung)
5. 외부효(Auβenwirkung)
6. 고권적 조치(Hoheitliche Maβnahme)

즉 행정작용이 행정행위로 인정되기 위해서는 상기 6가지의 징표가 충족되어야 한다.

사 례

허가를 받아 식당을 운영 중인 A는 술을 탐닉하다가 이제는 중독증세를 보이고 있다. 영업허가는 예전의 정상으로 생활하던 시절에 취득한 것이다. 이 경우 당해 행정청은 개입을 해야만 하는가?

i) 독일 「식품접객업법(GastG)」 제15조 제2항에 의하면, "행정청은 제4조 제1항 1호에 규정되어 있는 허가거부사유(예컨대, 술 중독, 불법도박의 장소제공 등)가 허가이후에 발생할 경우, 부여된 허가를 철회해야만 한다." 고 규정하고 있다. 즉 「식품접객업법」 제4조 제1항 1호에는 영업을 하는 자의 주관적 신뢰성을 평가할 수 있는 사실들이 언급되어 있다.

상기 사례의 경우 A는 허가를 받은 이후 어느덧 술주정에 빠져 있으므로 영업을 영위하기에는 개인적으로 신뢰할 수 없는 상태라 할 수 있다. 그러므로 행정청은 제15조 제2항에 의거하여 허가를 철회하여야 한다.

ii) 이 경우 담당 행정청은 허가를 철회함으로써 「식품접객업법」상의 규정을

실제로 집행하였다. 바로 이러한 목적을 위해 행정행위의 행위형식이 행정청에 주어진다. 법률은 대개 '추상적' 으로 규정되어 있으므로, 실제로 해당규정을 적용하여 집행하기 위해서는 '구체적 사안' 과 '특정인' 이 관련될 것이 필요하다. 이와 같은 기능으로 인해 행정행위는 행정청의 전형적인 행위수단이 되고 있다. 즉 행정행위를 통해 행정청은 대다수의 주요 업무를 이행할 수 있는 것이다. 요컨대, 일반적으로 법령에 규정되어 있는 의무사항을 국민들이 준수할 수 있도록 하는 구속력 있는 집행수단이 바로 행정행위이다.

iii) 이처럼 행정행위는 실무상으로 행정작용의 가장 흔한 형태에 속한다. 실제로 행정행위는 건축허가, 과세처분, 공무원징계 등 우리의 실생활에 밀접하게 존재하며, 이러한 예들은 행정행위 중에서 극히 일부분에 불과하며 이외에도 수없이 존재한다.

iv) 상기사례를 요약하면 다음과 같다. 행정청은 술에 중독되어 있는 식당주인 A의 영업허가를 「식품접객업법」 제15조 제2항, 및 제4조 제1항 1호에 따라서 철회하여야만 한다. 행정청의 철회행위는 「식품접객업법」을 구체적인 사안에 적용시키는 경우로써 행정행위에 해당한다.

▫ 행정의 행위형식(Handlungsformen der Verwaltung)	
행정행위	개개의 구체적인 경우에 있어 일반적인 '법규' 를 집행·실현하기 위한 행정청의 전통적인 행위형식
공법상 계약	공법의 영역에서 체결된 협약(우리나라와 달리 독일의 경우 행정절차법 제54조 이하에 명문규정 존재)
법규명령	법률의 수권(授權)을 근거로 행정청에 의해 발령되는 법규범
자치법규(例: 조례)	공법상 법인(대표적으로 지방자치단체)이 그들 자신의 고유한 사안을 규율하기 위해 발령하는 법규범
사실행위	사실상의 효과를 겨냥한 행위
행정규칙	행정업무의 통일성을 기하기 위해 상급행정청이 하급행정청에게 발하는 일반적 규율
사법형식의 행정	i) 사법상의 조달행위('고객으로서의 국가'), ii) 영리경제활동('기업으로서의 국가'), iii) 행정사법('공공업무의 이행자로서의 국가')

▫ 행정행위와 기타의 행정작용 간의 구별	
행정행위의 징표	**구 별**
행정청	사인(私人)의 행위, 입법부·사법부의 행위
공법상 영역	사법상 행위: ① 협의의 국고작용 i) 사법상의 조달행위('고객으로서의 국가'), ii) 영리경제활동('기업으로서의 국가'), ② 행정사법('공공업무의 이행자로서의 국가')
구체적 사실에 대한 법집행	법규명령, 조례
외부효: 외부에 대해 법적효과 발생	행정규칙, 내부적 지시
'법적효과의 발생 / '규율' →권리·의무관계의 창설·변경·폐지 또는 법률관계의 확인	사실행위
고권적 조치/권력적 단독행위	공법상 계약

§6 행정행위 일반

Ⅰ. 개설

행정행위(行政行爲)(Verwaltungsakt： VA)는 본래 실정법상의 용어는 아니고, 학문상의 관념으로서 정립된 것이다. 강학상의 행정행위에 해당하는 행정기관의 행위는, 실정법상으로는 인가·허가·면허·특허·결정·재결·처분·행정처분 등의 여러 가지 명칭으로 불리고 있다.

행정행위는 공법상 계약·사실행위 등과 같은 다른 행정작용과는 달리 행정청이 일방적으로 국민의 권리·의무에 구체적 변동을 가져오거나 이를 확정하는 권력적 작용이라는 점에서, 이에는 공정력(公定力)·강제력(強制力)과 같은 우월한 힘이 인정된다(행정행위의 효력에 대해서는 아래의 § 9 참조).

일반적으로 행정행위는 "행정청이 법 아래에서 구체적 사건에 대한 법집행으로서 행하는 권력적 단독행위"라고 이해되고 있다. 하지만 행정행위는 "외부에 대해 법적효과를 발생"시킨다는 점에서 대표적으로 행정규칙과 구별되며 이는 행정행위의 주요한 특징이다. 그렇다면 이러한 특징을 개념정의에 포함시키는 것이 타당하다. 이에 따라 본서에서는 행정행위를 "행정청이 법 아래에서 구체적 사건에 대한 법집행으로서 외부에 대해 직접적인 법적효과를 발생시키는 권력적 단독행위"라고 정의하고자 한다. 이와 같은 기준에 입각하여 행정행위의 개념에 대한 주요 징표를 이하에서 살펴보기로 한다.

Ⅱ. 행정행위의 개념징표

□ **행정행위의 개념에서 나타나는 특징들을 아래의 사례에서 찾아볼 것**

☞ 사례: 단란주점영업자인 A는 상당수의 청소년(19세 미만의 자)에게 주류를 판매하다가 3번째 적발되었다. 이에 대해 허가청(許可廳)인 경산시장은 허가취소처분을 하였다.

〈식품위생법〉

제31조(영업자 등의 준수사항)

② 식품접객업영업자 등은 청소년보호법 제2조의 규정에 의한 청소년에 대하여 다음 각 호의 행위를 하여서는 안 된다.

4. 청소년에게 주류를 제공하는 행위

제58조(허가의 취소 등)

① … 시장·군수 또는 구청장은 영업자가 다음 각 호의 1에 해당하는 때에는 대통령령이 정하는 바에 따라 영업허가를 **취소하거나** 6월 이내의 기간을 정하여 그 영업의 전부 또는 일부를 … **정지 … 할 수 있다**.

1. … 제31조…규정에 위반한 때.

④ 제1항…의 규정에 의한 행정처분의 세부적인 기준은 그 위반행위의 유형과 위반의 정도 등을 참작하여 **보건복지부령으로 정한다**.

〈식품위생법시행규칙〉

제53조 (행정처분의 기준) 식품위생법 제58조의 규정에 의한 행정처분의 기준은 [별표15]와 같다.

[별표15]

Ⅱ. 개별기준,

15. 식품위생법 제31조(영업자등의 준수사항) 제2항 위반사항

라. 청소년에게 주류를 판매하는 행위

1차위반: 영업정지 2월

> 2차위반 : 영업정지 3월
> **3차위반 : 영업허가 취소**

1. 행정청의 행위/ 행정청

행정행위는 행정청(行政廳)(Behörde)의 행위이다. 행정청[14]이란 일반적으로 "행정주체의 의사를 외부적으로 결정 · 표시할 수 있는 권한을 가진 행정기관"을 말한다. 여기서 행정청은 조직법상의 행정청인 국가나 지방자치단체의 기관에 한정되지 않고, 공공단체(公共團體)는 물론이고 사인(私人)도 국가로부터 공권력을 부여받은 한도 내에서는 여기에서의 행정청에 포함된다(행정주체 및 공공단체의 개념에 대해서는 앞의 § 4 행정법관계의 당사자 참조).

그러나 행정행위는 행정청의 행위이므로 행정기관이라도 보조기관(차관 · 국장 등)의 행위나, 국회 · 사법부의 행위는 원칙적으로 이에 해당하지 않는다.

사 례

> A는 자신의 소형 프라이드 승용차에 폭이 굉장히 넓은 BMW산의 최신형 타이어를 장착하였다. 마침 자동차 정기검사기간이 되어서 대구시 달서구에 위치한 '대경자동차검사소'를 방문하였다. 혹시라도 부적합판정이 나올까 걱정과 우려의 눈으로 검사를 조마조마하게 지켜보았다. 다행스럽게도 그는 원하던 검사결과증을 얻었다. 이 경우 대경자동차검사소에 의한 검사증교부는 '행정청'의 행위로써 간주될 수 있는가?

14) 행정청 중에서 '독임제(獨任制)' 행정청으로는 장관, 처장, 청장, 경찰서장, 소방서장, 지방자치단체의 장(특별시장, 광역시장, 도지사, 시장, 군수)를 들 수 있다. '합의제(合議制)' 행정청으로는 토지수용위원회, 중앙선거관리위원회, 소청심사위원회, 교원소청심사위원회, 국가배상심의회가 있다. 위원회 중에서도 의사를 스스로 결정하고 그 결정된 의사를 자기의 이름으로 대외적으로 표시할 수 있는 권한을 가진 위원회만이 행정청이다.

→ 행정청의 행위라 볼 수 있다. 「독일행정절차법」 제1조 제4항에 따르면 "행정청이란 '공 행정' 의 업무를 수행하는 모든 기관" 을 말한다. 즉 행정청의 지위나 성질은 행정의 조직형상에 따라 판단되는 것이 아니라, 행정업무가 수행되느냐의 여부에 의거하여 결정된다. 다시 말해 **'행정업무의 수행여부'** 가 관건이므로, 이른바 **공무수탁사인**(Beliehene)도 행정청에 해당한다(공무수탁사인에 대해서는 앞의 § 4 Ⅱ. 2 참조).

▫ 우리나라의 「행정절차법」 제2조 1호에도 행정청의 개념을 찾을 수 있다: '행정청' 이란 다음 각 목의 자를 말한다.

가. 행정에 관한 의사를 결정하여 표시하는 국가 또는 지방자치단체의 기관

나. 그 밖에 법령 또는 자치법규에 따라 행정권한을 가지고 있거나 위임 또는 위탁받은 공공단체 또는 그 기관이나 사인(私人)

사 례

B는 반 지하실에서 거주하고 있다. 그는 집 맞은편의 신발가게에서 근무하는 판매원 아가씨를 남몰래 사모하고 있다. 하지만 집 앞에 주차한 자동차들이 신발가게 쪽의 시야를 가림으로 인해 이미 오래전부터 화가 나 있는 상태다. 드디어 그는 더 이상 용인할 수 없는 현 상황에 종지부를 찍고 말리라 결심하고, '절대 주차금지' 라는 푯말을 그의 집 앞에 세워두었다. 이 푯말을 행정행위로 볼 수 있는가?

⟶ 행정행위라 할 수 없다. 만일 행정업무를 위임받지 않은 사인(私人)이 고권적 조치를 취하면, 권리남용에 해당 할 수 있을 뿐이다. '행정청' 이라는 징표에 의해 '행정행위' 는 사인의 행위와 구별될 뿐 아니라, 입법부・사법부의 행위와도 구별된다.

2. 공법상의 행위/ 공법상의 영역

행정행위는 공법상(公法上)의 행위이다. 공법상의 행위란 공법에 근거하여 행정청의 행위가 이루어진다는 것이다. 따라서 물자구매와 같은 사법상계약은 행정행위가 아니다.

◦ 공법과 사법이 상호간에 어떻게 구분되는지에 대하여는 전술한 바 있다. 행정작용이 사법에 의해서도 나타날 수 있다는 것도 살펴본바 있다. 요컨대, '공법상의 영역' 에서 취해지는 조치만이 행정행위에 해당되므로, 사법에 의한 행위나 작용은 행정행위가 아니다. 이전에 배운 것을 약간 복습해보기로 한다.

사법형식의 행정에 속하는 세 가지 형태는?

⇢ 사법상의 조달행위('고객으로서의 국가'), ii) 영리경제활동(영리행위)('기업으로서의 국가'), iii) 행정사법('공공업무의 이행자로서의 국가')

ㅁ 사법형식의 행정에 대한 例

1. 사법상의 조달행위 : 예) 사무용품의 구매, 전투기구매
2. 영리경제활동 : 예) 국가에 의한 맥주양조업 운영, 국민연금의 해외투자
3. 행정사법 : 예) 여객운송이라는 공공업무를 수행하기 위하여 주식회사 (주)노면전차를 설립하여 운영

3. 구체적 사실에 대한 행위

행정행위는 구체적 사실(사안)을 규율하는 행위이다. 따라서 일반적 · 추상적 성격을 가지고 있는 행정입법이나 조례 등은 행정행위가 아니다. 이에 반하여 구체적 사실을 규율하는 행위인 한, 불특정다수인을 대상으로 하는 이른바 일반처분(一般處分)(例 : 도로통행금지표지판)도 행정행위에 속한다.

사 례

> 자신의 사무실 내에 자그마하지만 화려한 Bar를 운영하고 있는 연예인 매니저 김○○씨는 탤런트 장○○씨를 성 접대를 위해 종종 불러내곤 하였다. 이를 인지한 해당 관청이 「풍속영업의 규제에 관한 법률」 제3조, 제6조에 따라 영업허가를 취소하였다. 이 경우 '구체적 사안' 이 존재하는가?

⋯→ 구체적 사안이 존재한다. '구체적 사안' 의 규율이란 정확히 말해 **'개별적 · 구체적(individuell- konkret)' 규율**을 의미한다. '개별적(個別的)' 이란 개개의, 특정된 사람과 관련되는 것을 의미하고, '구체적(具體的)' 이란 특정된 개개의 사안과의 관련성을 뜻한다.

사 례

> 경북 영천시에서는 앵무새 한 마리당 1년에 10만원의 앵무새세금을 도입하는 조례를 제정하였다. 이 조례는 어느 정도의 많은 사안을 규율하고 있으며, 또 어느 정도의 많은 사람들을 법수범자로 하고 있는가?

⋯→ **앵무새 조례는 수많은 사람들과 사건들에 대해 폐지될 때 까지 반복적으로 적용된다.** '구체적 사안' 의 규율의 반대개념은 **일반적 · 추상적**(generell-abstrakt) **규율**이라 할 수 있다. 만일 규율(Regelung)이 '불특정 다수인' 을 겨냥하고 있으면 '일반적(一般的)' 이라 묘사된다. 그리고 규율이 '불특정 다수의 사안' 과 관련이 되면 '추상적(抽象的)' 이라는 표현을 사용한다.

□ **독일 행정절차법 제35조 제1문에 따른 행정행위의 개념징표들**

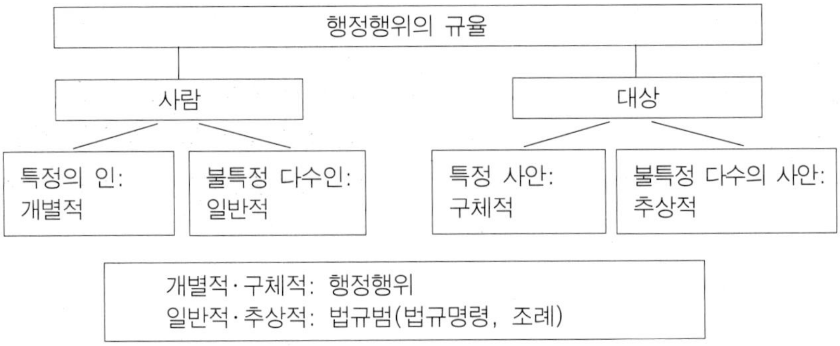

4. 외부에 대하여 직접적인 법적효과를 발생하는 행위

(1) 외부적 행위 - 외부효

행정행위는 일반국민에 대한 행위이다. 그러므로 행정기관 상호간에 있어서의 내부적 행위(例: 상급관청의 하급관청에 대한 명령이나 지시 등)는 행정행위가 아니다. 그러나 특별권력관계내부에서 그 구성원에 대한 처분에 대하여는 원칙적으로 행정행위의 성격을 인정하는 것이 현재 학설·판례의 견해이다.

> □ 특별권력관계: 특별한 공법상 원인에 의해 성립되고 공법상 행정목적에 필요한 한도 내에서 그 특별권력주체에게는 포괄적인 지배권이 인정되며, 그 상대방인 특별한 신분이 있는 자가 이에 복종하는 관계를 말함. 예전의 경우 이러한 특별권력관계 내부에서는 법률유보의 완화, 기본권제한, 재판통제의 배제가 특징을 이루었다. 예컨대 공무원, 재소자(수형자), 군인, 국·공립 학생 등(이에 대해 자세한 것은 앞의 § 2 Ⅶ 참조).

사 례

> 공무원 B는 평소 자신의 이웃 N을 썩 좋아하지 않는다. N은 이제 막 구입한 스포츠카 Audi TT의 주차공간을 마련하기위해 추가로 차고를 건립하려는 계획을 세우고 있는 중이다. B는 마침 건축과의 담당공무원으로 근무 중이라 N의 건축허가신청을 수포로 만들 수 있겠다며 무척 기뻐하고 있다. 하지만 B의 상관 A는 B의 계획을 망치고 만다. A가 B에게 N의 건축을 허가해 줄 것을 지시한 것이다. A의 지시는 행정행위로 간주될 수 있는가?

→ 행정행위가 아니다. 행정내부의 개별지시에 불과하다.

i) 행정행위로 분류되기 위해서는 행정청의 조치는 '외부효'를 지니고 있어야 한다. 만일 조치의 법적효과가 **행정기관의 외부**에 위치한 자연인이나 법인에게 발생한다면, 이 조치는 외부효를 지니고 있는 것이다. 그러므로 조치의 직접적인 법적 효력이 행정기관의 내부에 한정되는 것이라면 이러한 조치는 행정행위의 개념에서 제외된다.

ii) 예컨대 **직무와 관련된 개별지시**나 행정활동에 대한 일반적인 원칙과 기준을 제시하는 **행정규칙**은 단순히 행정내부적인 규율일 뿐이다.

사 례

> 공무원 B는 스스로 생각할 때 자신은 다년간에 걸쳐 직무수행에 대단한 공로가 있다고 여기고 있다. 그런데 – 마찬가지로 본인의 입장에서 생각할 때 – 아주 사소한 범법행위로 인하여 불명예 조기 퇴직을 하게 되었다. 이 해임처분은 외부효를 갖는가?

→ 외부효가 있다. i) 행정청의 조치가 공무원의 **개인적 신분상의** 권리와 의무와 관련된다면, 이 조치는 외부효를 갖는다. ii) 이에 반해 조치가 공무원의

직무수행상의 업무와 관련이 있다면, 이 조치는 외부효가 결여되어 있다. 일반적으로 우리나라에서는 i)을 **'기본관계'**, ii)를 **'경영수행관계(업무수행관계)'**로 칭하고 있다.

(2) 직접적인 「법적효과」를 발생시키는 행위 - 규율(Regelung)

행정행위는 국민에 대하여 직접적인 법적효과를 발생시키는 것이어야 한다. 즉 행정행위는 국민의 권리・의무를 창설・변경・박탈하는 등으로 기존의 권리상태를 변동시키는 것이어야 한다. 따라서 법적효과가 없는 행위는 행정청의 행위일지라도 행정행위는 아니다(例: 조루인플루엔자 때문에 삶아서 먹도록 행정지도, 도로청소 등 사실행위).

한편 통치행위는 행정청의 행위로서 본질적으로는 행정행위에 해당한다고 보아야 할 것이지만, 고도의 국가적 이익이나 정치적 성격을 가지고 있어 원칙적으로 재판통제의 대상이 되지 않고, 행정행위의 개념에서 제외된다(이에 대해서는 앞의 § 2 VI 참조).

사 례

> 대구시에 사는 A는 경상북도 청도군 남산 근처에 이제 막 주말별장을 하나 지었다. 주말을 맞아 A는 봄의 정경을 만끽하고자 거실에서 창밖에 피어있는 개나리와 진달래를 바라보며 아메리카노 커피를 음미하고 있다. 때마침 청도군청의 건축담당자 S가 소풍나들이를 하며 해당 장소 옆을 지나고 있다. 새로운 건물과 벽을 보고 놀란 S는 자신의 서류를 살펴보고서 이 별장이 허가 없이, 더구나 「건축법」상의 규정들에 위반되게 건축되었음을 확인하게 되었다. 얼마 후 A는 건물 철거 처분을 받게 되었다. 이 처분은 법적 효과가 있는 것인가?

i) 일반적으로 행정청의 '조치'의 효과는 두 가지로 구분된다. 첫째는 사실상의 효과(tatsächlicher Erfolg), 둘째는 법적 효과(rechtlicher Erfolg)이다.

여기서 **법적 효과** – 예컨대, **권리 · 의무의 창설 · 변경 · 폐지, 법률관계의 확인** –와 관련되는 조치만이 '규율(Regelung)'을 내포하고 있다고 볼 수 있다. 즉, 이와 같은 규율의 성질을 담고 있는 조치만이 행정행위의 성질을 지닌다.

□ 법적효과의 발생 유형은 대표적으로 다음과 같이 유형화할 수 있다.

1. 금지/명령: 영업금지, 음식점영업의 취소
2. 확인: 국적확인, 과세를 위한 부동산가격 확인, 연금수령 액수확정, 행정심판에서의 재결
3. 권리부여: 보조금승인, 영업허가
4. 거부: 건축허가 거부

ii) 상기사례에서 철거처분은 별장을 허물라는 법적의무의 창설을 목적으로 하고 있으므로 법적 효과를 지니고 있다.

사 례

전라북도 무주군내에서 수차례 딸기요구르트와 초콜렛 과자에 중독성 유해물질이 섞여 있음이 확인되었다. 이에 무주군수 B는 장이 서는 광장에서 차 · 커피와 같은 종류의 모든 기호식품을 먹고 마시는 것에 대해 경고목적의 주의를 당부하였다. 이 조치는 어떠한 효과를 지니는가?

→ '사실상의 효과'가 발생되고 있다. 본 사안의 경고조치는 행정지도인 동시에 이른바 '단순행정작용'으로써 사실행위(事實行爲)에 해당된다.

사 례

> 경상북도 안동시에서 이미 폭력행위로 잘 알려진 A, B, C 3형제는, 불만에 가득 찬 노인들을 본격적으로 선동하기 위해 연금축소에 항의하는 대규모집회 장소에 참가하기 위해 가고 있다. 집회장소에 다다르기 직전 그들은 출동한 경찰에 의해 제지되어, 무기나 기타의 위험한 물건을 소지하고 있는지에 대해 몸수색을 당하였다. 이 신체수색은 '사실상의 효과를 발산하는 가, 그렇지 않으면 '법적 효과' 인가?

i) **경찰조치**의 경우에 법적 효과가 있는지의 문제가 제기된다. 예를 들어 소환(Vorladung)은 경찰서에 출두하라는 의무를 창설하므로 법적 효과가 존재한다.

ii) 이에 반해 상기사례와 같이 수색의 경우는 일견(一見) 법적 효과가 아니라 사실상의 효과들 띄고 있다고 보인다. 신체수색을 통해서 종국적으로 A, B, C가 무기 등의 위험한 물건을 소지하고 있는지 여부를 확인 할 수 있을 것이다.

하지만 독일의 판례는 신체수색이 법적 효과를 내포하고 있는 '규율(Regelung)'에 해당한다는 입장이다. 다시 말해, 신체수색에 있어서 '수색' 은 **'수인(受忍)'** 하라는 **묵시적 명령'** 을 내포하고 있다는 것이다. 이로써 신체수색은 '법적 효과' 를 발산하므로 행정행위로 분류된다고 한다. 판례는 이와 유사한 다른 경우에도 마찬가지로 해석한다. 예컨대 시위 중에 경찰에 의한 고무곤봉의 타격은 이러한 '직접강제(unmittelbarer Zwang)' 를 '수인' 하라는 묵시적 명령을 담고 있다는 것이다(이에 대해 자세한 것은 뒤의 § 15 Ⅲ 2 (3) 참조).

iii) 결론: 행정행위와 사실행위의 구분은 대개의 경우 어렵지 않다. 그러나 특히 경찰상의 '표준조치' (Standardmaßnahmen)' 나 '집행적 행위(Vollstreckungsakte)' 와 관련하여서는 애매한 경우가 적지 않다. 판례에 의하면 이러한 경우, 그 '조치' 가 외양으로는 순전히 '사실상의 효과' 를 야기하는 것으로 보일지라도 '묵시적인 수인명령'이 내포되어 있으며, 이로써 법적 효과를 발산하는 '규율'이 존재한다고 판단한다.

기본논점

'규율(Regelung)'의 개념

독일 행정절차법 제35조 제1항의 의미에서의 '규율(規律)'은 **'법적 효과'**를 야기하는 조치를 의미한다. 여기서 법적 효과란 권리·의무의 창설·변경·폐지하거나, 법률관계를 확인하는 것이라 할 수 있다.

'규율'은 사실상의 효과를 목적으로 하고 있는 '사실행위'와 구분된다. 법적효과와 달리 '사실상의 효과'란 눈으로 실제 인식할 수 있는 물리적 현상과 관련성을 띄는 것이 보통이다.

5. 권력적 단독행위/ 고권적 조치

행정행위는 공권력의 행사로서, 행정청이 우월한 지위에서 일방적(一方的)(einseitig)으로 국민에게 권리를 부여하거나 의무를 명하는 행위이다. 따라서 일방적·권력적 성격을 가지지 않는 행위(例: 국유재산의 대부, 매각행위 등)는 행정행위가 아니다.

사 례

교통경찰관 P는 수신호로 F에게 차량의 정지를 명하였다. 이 수신호는 행정기관의 행위로 간주될 수 있는가?

i) 행정기관의 행위는 의사표시를 내용으로 하고 있으며, 뭔가를 의도하고 있는 모든 것이라 할 수 있다. 이 경우 그 행위가 문서로써 이루어지건, 구두로 이루어지건, 묵시적으로 이루어지건(예컨대 수신호), 또는 자동화된 시설(예컨대 교통신호등)로 이루어지느냐 하는 것은 중요하지 않다.

ii) 그러므로 상기의 예에서 P의 정지명령은 행정기관의 행위에 해당하며, '행정행위' 라 볼 수 있다.

사 례

앞의 § 5 Ⅱ. 7.의 사례에서 술에 중독된 음식점영업자 A에 대한 영업허가가 취소된다고 언급한 바 있다. 하지만 A는 어느덧 다시 술을 멀리하고 정상적인 삶을 되찾았다. A는 하양읍사무소 근처에서 '터키 음식 전문레스토랑' 을 열고자 한다. 다만 공교롭게도 하양을 비롯하여 인근의 영천, 경산에는 아테네 음식을 좋아하는 식도락가들이 상당수 거주하는 것으로 알려져 있다. 이에 건축허가담당 행정청인 경산시장 B는 '터키 음식 전문레스토랑' 이 건축되기 전에 충분한 주차장이 확보되기를 원하고 있다. 이를 위해 경산시장 B는, ① 주차장을 건립할 것을 부담(Auflage)으로 가하여 건축허가를 해주거나, ② A가 주차장을 건립할 것에 상응하여 건축허가를 해줄 의무를 부담하는 계약(契約)을 A와 체결할 수도 있다. 이 양자 중에서 어느 쪽이 '고권적(권력적)(hoheitlich)' 이라고 할 수 있는가?

i) 만일 '상・하 질서・복종관계' 에 근거하여, 행정청에 의해 '일방적' 으로 조치가 취해진다면 이는 **'고권적'** 이다.

ii) 상기 사례의 경우 부담(Auflage)과 함께 이루어지는 건축허가가 '고권적 조치' 라고 할 수 있으며, 따라서 이는 행정행위로 분류될 수 있다. 이에 반해 공법상 계약에 있어서는 행정주체는 국민과 대등한 위치에 서게 된다. 즉 계약은 '일방적' 이 아닌 상호간의 합의에 의해 체결되는 것이다. 그러므로 만일 A가 주차장을 설립하고, 이에 대해 경산시는 건축을 허가하겠다는 계약을 상호간에 체결한다면, 행정기관은 고권적으로 행위를 하는 것이 아니며 따라서 행정행위의 형식으로 볼 수 없다. 요컨대 '고권적 조치' 라는 개념징표에 의하여 '행정행위' 는 '공법상 계약' 과 구별됨을 알 수 있다.

[표 6] 행정행위(VA)의 유형

	구체적 규율(konkrete Regelung)	추상적 규율(abstrakte Regelung)
개별적 (individuell)	▫ **개별처분 – VA의 가장 기본적 형태** 例 1 : 대구대의 중국인 유학생 A에 대한 비자 연장처분 例 2 : B에 대한 운전면허 부여처분 例 3 : 우리나라에 시집온 베트남 여성 C에 대한 한국 국적 부여처분 例 4 : D에 대한 입영처분 例 5 : 정유회사 GS칼텍스 대한 과징금부과처분 例 6 : 토마토 저축은행에 대한 영업정지처분	▫ **VA에 해당** 例 1 : A에게 집 앞에 얼음이 얼 경우에는, 미끄러지지 않도록 모래를 뿌리게 함 例 2 : B에게 물이 수위계를 넘을 때마다 저수지의 물을 방류케 함
일반적 (generell)	▫ **일반처분** : 행정청이 불특정다수인에 대해 특정사안을 규율하는 경우 – **VA에 해당** 例 : 시위에 대한 해산명령/ 다가오는 모월 모일 집회불허가 처분	법규범(법규명령, 조례 등) – **VA가 아님**

보충자료 일반처분

1. **의의**

일반처분(一般處分)(Allgemeineverfügung)의 기본적으로 **불특정 다수인에 대한 특정사안의 규율**을 말한다. 즉 관련자의 범위는 '일반적' 이나 규율하는 사안은 '구체적' 인 경우이다. ⇢ 특정사안을 대상으로 한다는 점에서 법규범(法規範)과 구분된다.

▫ 독일 행정절차법 제35조 제2문에 의하면 "일반처분이란 i) 일반적 징표에 의해 특정되거나 특정될 수 있는 인적집단을 향한 행정행위, ii) 또는 물건의 공법상 성질을 규율하는 행정행위, iii) 일반인에 의한 물건의 이용과 관련되는 행정행위를 말한다."

과거에 이러한 일반처분은 일반적·추상적 성격을 띠고 있다고 보아 행정행위와 입법행위의 중간영역에 속한다고 보는 견해가 있으나, 오늘날에는 이것도 행정행위의 일종으로 보는 것이 통설이다.

2. 일반처분의 종류

(1) 인적 일반처분 → 대인적 일반처분

인적 일반처분(人的 一般處分)이란 행정행위의 발령당시에는 인적 범위가 특정되어 있지 않으나, 실제의 구체적인 경우에 있어서 일반적 징표를 근거로 하여 특정되어 지거나 특정될 수 있는 인적집단을 향한 행정행위를 말한다.

☞ 例: 다가오는 5월 10일 경산역 앞에 집결하여 농산물 수입에 반대하여 시위를 계획하고 있는 전국의 농민단체에 대한 집회불허가처분

(2) 물적 일반처분 → 물적 행정행위로서의 일반처분

물적 일반처분(物的 一般處分)이란 물건의 공법적 성질을 규율하는 행정행위를 말한다. 이는 사람을 향한 것이 아니라, 물건을 겨냥한 것이다. 즉 사람의 권리나 의무를 규율하는 것이 아니고, 물건의 법적 상태를 규율하는 것이다. 규율의 직접적인 대상은 사물이지만, 궁극적으로 간접적으로는 사람의 권리 의무와 관련되므로 사람에 대한 효과를 지닌다고 할 수 있다.

☞ 例 1: 문화재지정행위/ 도로에 대한 공용지정행위(Widmung).

例 2: 속도제한 표시판, 일방통행표지판, 입산금지표지, 주차금지표지

例 3: 「국토의 계획 및 이용에 관한 법률」상의 용도지역·지구의 지정행위(견해 대립)

例 4: 시장·군수·구청장의 개별토지가격결정행위(견해대립) → 이는 사람을 대상으로 하는 것이 아니라 개별토지의 성질이나 상태에 대한 가격의 평가를 규율대상으로 하는 것이기 때문에 이를 '물적 일반처분'으로 파악할 수 있다. 그러나 또 다른 견해에 의하면 개별공시지가의 결정·고시 그 자체는 사인의 권리·의무를 직접 발생시키는 것이 아니므로 처분으로 보기 어렵다고 한다.

(3) 물건의 이용관계에 대한 규율로써의 일반처분

불특정 다수인에 의한 영조물 기타 공공시설의 이용관계를 규율하는 행정행위를 말한다. 이는 일반인에 의한 물건의 이용규율과 관련이 있다.

☞ 例: 대구시가 운영하고 있는 시립 수영장, 도서관, 미술관 등과 같은 일반시설물의 이용에 대한 규율

→ 하지만 우리나라의 경우는 이를 '일반처분'의 하나로 보지는 않는다. 가령 개방시간이나 요금과 같은 공공시설의 이용에 대한 규율이 행정기관의 내규로 정해질 경우 행정규칙이 될 것이고, 조례로 정해질 수도 있을 것이다.

(4) 도로표지판(Verkehrszeichen)의 문제

과거 신호등이나 속도제한표시, 추월금지표시, 일방통행금지와 같은 도로표지판이 행정행위인가 법규명령에 해당하는 가에 대하여 논란이 있어왔다. 오늘날에는 도로표지판도 행정행위라고 보는 것이 일반적이다. 종국적으로 설치된 구체적인 그 장소를 지나가고 있는 해당 운전자를 겨냥하는 것이라고 해석 할 수 있기 때문이다.

Ⅲ. 행정행위의 분류

1. 개설

행정행위는 그 주체, 성질, 형식 등의 기준에 의해 다양하게 분류될 수 있다. 예컨대, i) 법률에 대한 구속의 정도에 따라 기속행위와 재량행위, ii) 법적 효과에 따라 부담적·수익적·복효적(이중효과적) 행정행위, iii) 행정행위의 내용에 따라 법률행위적·준법률행위적 행정행위, iv) 규율대상에 따라 대인적·대물적·혼합적 행정행위 등으로 나뉜다. 이하에서는 i)의 '기속행위'와 '재량행위' 그리고 iii)의 '법률행위적 행정행위'와 '준법률행위적 행정행위'를 중심으로

간략히 살펴보기로 한다.

2. 기속행위와 재량행위

(1) 행정재량의 의의

1) 오늘날의 법치국가에서의 행정은 원칙적으로 법률에 의거하여 집행되어야 한다. 또한 행정은 법률적합성의 원칙에 따라 법률에 적합하게 집행됨으로써 소기의 행정목적이 구현된다. 만일 법치주의 또는 법률에 의한 행정의 원리를 엄격히 해석하는 경우에는 행정청에 의한 재량의 여지가 없게끔 법률에서 행정의 요건을 일의적이고 명확하게 규정하는 것이 바람직할 것이다.

2) 다시 말해 그에 해당하는 사실이 있을 때에는 반드시 당해 행위를 해야 할 의무를 획일적으로 규정하는 것이 이상적이다. 하지만 오늘날의 사회현실은 너무나 가변적이며 행정은 질적으로 양적으로 확대되고 있는 실정에 있다. 이에 따라 모든 상황을 예견하여 법률에서 행정의 행위요건을 구체적으로 일의적으로 규정하는 것은 사실상 불가능하다. 뿐만 아니라 구체적 사정에 맞는 합당한 처분을 할 수 있도록 행정청에게 독자적인 판단권을 부여하는 것이 보다 탄력성 있는 행정의 확보에 기여할 것이다.

3) 그리하여 입법자는 일반적으로 행정행위의 요건을 규정함에 있어서 추상적이고 불확정한 법 개념을 사용하거나 법률효과부분에서 '가능규정(Kann-Bestimmung)'을 두어 행정청에게 재량권을 부여하고 있다. 재량권은 결정재량(決定裁量)과 선택재량(選擇裁量)으로 나뉜다. 전자는 행정청이 당해 행위를 할 것인지의 여부에 대해 가지는 판단권을 말한다. 후자는 법적으로 허용되는 여러 수단들 중에서 어떠한 행위를 할 것인지의 여부에 대한 판단권을 의미한다.

(2) 기속행위와 재량행위의 구별

행정이 법률에 구속되는 정도에 따라 '기속행위'와 '재량행위'로 구분할 수 있다. 만일 법령에서 어떠한 요건 하에 어떠한 행위를 할 수 있는가에 대해 의문의 여지가 없이 일의적으로 규정하고 있음으로 인해, 행정청이 이를 기계적으로 집행함에 그치고 이에 대한 아무런 판단의 여지가 부여되어 있지 않을 경우 이러한 행위가 '기속행위' 이다(例 : 「도로교통법」 제93조 제1항).

이에 반해 '재량행위' 란 근거법령상 행정청에게 독자적인 판단권을 인정하고 있는 경우의 행위이다. 상기 (1)에서 설명한 대로 재량행위는 결정재량과 선택재량으로 나뉜다(앞의 § 1 Ⅱ. 4 참조).

(3) 불확정 법개념과 판단여지의 문제

1) 불확정 법개념(Unbestimmter Rechtsbegriff)

불확정 (법)개념이란 그 어미 자체로는 의미가 일의적이거나 명확하지 않아 법적판단과 관련하여 여러 가지로 해석될 수 있는 개념을 말한다. '공공의 안녕과 질서' , '중대한 사유' , '공익' , '공공의 복리' , '재산권' 등이 그 예이다.

2) 판단여지(Beurteilungsspielraum)

① 개설

i) 법률요건에 상기와 같은 불확정 법개념이 사용된 경우 일정한 요건 하에 행정청에게 판단여지(判斷餘地)가 인정되게 되고 법원은 행정청의 판단을 우선 시켜야 한다는 견해를 판단여지설이라 한다.

ii) 즉, 행정청은 불확정 법개념을 해석하고 적용함에 있어서 다수의 상이한 판단을 할 수 있는 경우, 행정청에게 '판단여지' 가 인정될 수가 있다. 다시 말해, 그러한 판단여지 내에서 내려진 행정청의 결정에 대해서는 법원에 의한 통제의 대상에서 제외되고 법원은 행정청의 결정을 존중해야 한다는 것이다.

iii) 학설은 '재량' 과는 별도로 '판단여지' 를 인정할 것인지의 여부에 대해 견해가 일치하지 않는다. 긍정설은 '판단여지' 는 '법률요건(행정청의 행위요건)에 대한 인식' 의 문제이지만 '재량' 은 '법률효과의 선택의 문제' 이고, 또 양자는 그 내용 등을 달리한다는 점에서 구별하는 것이 타당하다고 본다.

반면 부정설은 법률요건과 법률효과의 구분이 용이하지 않을뿐더러 '판단여지' 와 '재량' 을 따로 구별할 실익이 없다고 보고 있다. 판례는 부정설에 입각하여 판단여지의 개념을 따로 인정하지 않고 재량의 문제로 본다.

iv) 판단여지는 행정청의 신중한 판단을 평가하고 대체하는 것이 타당하지 않은 경우에 인정될 수 있을 것이다. 즉 고도로 전문적이고 기술적인 판단이나 고도로 정책적인 판단에 속하는 불확정개념의 경우에 적용된다고 볼 것이다. 이하에서는 학설에서 인정하고 있는 판단여지의 구체적 영역과 그 한계를 살펴본다.

② 판단여지의 인정영역

i) 비대체적인 결정 : 시험평가(채점기준 등), 상급공무원의 하급공무원에 대한 근무평정 및 승진결정 등 고도의 개인적이고 인격적인 사안에 관련된 결정.

ii) 구속적인 가치판단 : 청소년유해도서판정, 영상물등급판정, 문화재지정. 이들은 전문적 지식을 보유한 합의제 행정기관에 의한 구속적인 가치평가의 경우라 할 수 있을 것이다.

iii) 행정정책적인 결정 : 경제당국의 경제성장과 물가안정에 대한 우선순위판단 및 이에 결부된 금리의 인상·인하, 전쟁무기의 생산 및 수출 등의 외교정책, 자금지원대상업체의 선정. 이와 같은 정책의 실현은 사법의 임무가 아니라 입법과 행정의 임무라 할 것이다.

iv) 예측결정 : 환경법이나 경제행정법 등의 분야에서의 위해의 평가나 예측결정.

그렇지만 전술한 바대로 우리 판례는 이들을 '재량' 의 문제로 파악한다(아래의 판례 1, 2 참조).

③ 판단여지의 한계

다만 행정청에게 판단여지가 인정되는 경우에도 그 한계가 존재한다. 즉 i) 법에 규정된 절차가 준수되었는지 여부, ii) 합의제 행정기관이 적법하게 구성되었는지 여부, iii) 행정결정이 정당한 사실관계에 기초하고 있는지 여부, iv) 일반적으로 인정되고 있는 평가의 척도가 준수되었는지 여부, v) 사안과 무관하게 자의성이 개입되었는지 여부 등은 사법심사의 대상이 될 수 있다. 만일 행정결정이 상기와 같은 한계를 벗어난다면 위법하다.

판례 1 교육부장관의 중고등학교 교과서 검정 부적합판정처분의 재량성

교과서검정은 고도의 학술적, 교육적인 전문판단을 요한다. 그러므로 교과용 도서를 검정함에 있어서는 법령과 심사기준에 따라서 심사위원회의 심사를 거치게 된다. 이러한 점에 비추어 검정상 판단이 사실적 기초가 없다거나 사회통념상 현저히 부당하다는 등 현저히 재량권의 범위를 일탈한 것이 아닌 이상 그 검정을 위법하다고 할 수 없다(대판 1992.4.24. 91누6634).

판례 2 지방직특별임용시험 불합격처분에서 면접전형의 재량권 일탈 · 남용

[판결요지]

(1) 공무원 임용을 위한 면접전형에서 임용신청자의 능력이나 적격성 등에 관한 판단은 면접위원의 고도의 교양과 학식, 경험에 기초한 자율적 판단에 의존하는 것으로서 오로지 면접위원의 자유재량에 속하고, 그와 같은 판단이 현저하게 재량권을 일탈 · 남용하지 않은 한 이를 위법하다고 할 수 없다.

(2) 그러나 지방공무원특별임용시험 면접에 '참관인' 명목으로 참여한 시장이 응시자격요건과 무관한 해당 시의 행정구역 내 거주 여부를 묻는 등 면접위원에게 특정 부류의 응시생들에 대한 예단 내지 편견을 조장하여 면접 결과에 영향을 미친 행위는, 지방공무원임용령 제45조 제3항에서 규제하는 시험의 신뢰도에 대한 침해행위로서 위법하다.

[사안의 개요]

(1) 원고는 안양시 사회복지 9급직 의 채용을 위해 실시한 '2005년도 제1회 안양시 지방공무원특별임용시험' 에 응시하여 제1차 필기시험 및 제2차 서류전형에 모두 합격하였다. 그러나 원고는 2005.11.9. 열린 제3차 면접시험 결과 피고(안

> 양시 인사위원회 위원장)으로부터 최종합격자 13인에 들어가지 못하는 불합격처분을 받았다. 당시 안양시 지방공무원 인사규칙 제13조에 의하면, 안양시공무원 임용을 위한 면접시험은 2인 이상으로 구성된 면접위원들이 5개 항목의 평정요소(① 공무원으로서의 정신자세, ② 전문지식과 응용능력, ③ 의사발표의 정확성과 논리성, ④ 용모·예의·품행 및 성실성, ⑤ 창의력·의지력 기타 발전 가능성)에 대하여 각 상(3점), 중(2점), 하(1점)로 평정하여 면접위원들로부터 받은 평정점의 평균이 10점 이상인 응시생을 합격자로 처리되는 것이었다. 그리고 어느 하나의 평정요소에 대하여 면접위원 과반수로부터 '하'의 평정을 받은 경우에는 불합격자로 처리하도록 정하고 있었다.
>
> (2) 이 사건 시험의 면접위원은 4인으로, 원고는 그 중 2인으로부터는 각 10점의 평정을 받았지만 나머지 2인으로부터는 '의사발표의 정확성과 논리성' 항목에서 각 '하'로 평가받는 바람에 각 9점의 평정을 받아 그 결과 전체 평정 평균이 10점에 미달하는 9.5점이 되어 불합격 되었다. ... 면접시험 당시 면접위원도 아닌 안양시장이 시험을 참관하면서 응시생들에게 거주지 등에 관한 질문을 하기도 하였다(대판 2008.12.24. 2008두8970).

3. 법률행위적 행정행위와 준법률행위적 행정행위

(1) 개설

1) 종래 우리나라의 견해는 행정행위를 내용에 따라 분류할 때 민법에서 기술하고 있는 법률행위(法律行爲)에서와 같이 '법률행위적 행정행위(法律行爲的行政行爲)'와 '준법률행위적 행정행위(準法律行爲的 行政行爲)'로 구분하여 왔다. 이에 따르면 전자는 그 법적효과가 행정청의 효과의사의 내용에 따라 발생하는 데 대하여, 후자는 행정청의 단순한 정신작용의 표현에 의하여 그 효과가 법령이 정하는 바에 따라 부여되는 행위라고 한다.

2) 이에 대해 최근에는 법률행위적 행정행위와 준법률행위적 행정행위를 구분하는 것에 대해 비판을 가하며, 독일의 경우와 같이 단순히 '명령적 (행정)행위', '형성적 (행정)행위', '확인적 (행정)행위'로 분류하자는 유력한 견해가 나타나고 있다. 이하에서는 전통적인 분류방식에 따라 서술하기로 한다.

(2) 법률행위적 행정행위

법률행위적 행정행위는 상대방에 대한 법률효과의 내용에 따라 크게 '명령적 행정행위' 와 '형성적 행정행위' 로 대별된다.

1) 명령적 행정행위

명령적 행정행위(命令的 行政行爲)란 국민에 대하여 일정한 작위, 부작위, 급부, 수인 등의 의무를 명(命)하거나 이미 과하여진 의무를 해제하는 행정행위이다. 이는 개인의 자유를 제한하거나 해제시켜주는 행위라는 점에서, 개인의 권리나 능력을 설정·변경·소멸시키는 행위인 형성적 행정행위(形成的 行政行爲)와 구별된다.

명령적 행정행위에 위반하면 일반적으로 '강제집행' 이 따르거나 '행정벌' 이 부과되게 될 것이다. 명령적 행정행위는 세부적으로 하명·허가·면제로 나뉜다.

① 하명

i) 하명(下命)(Befehl)이란 「작위(위법건축물의 철거, 집회의 해산 등)」, 「부작위(도로통행금지, 주차금지 등)」, 「급부(과세처분 등)」, 「수인(검진강제 명령 등)」의 의무를 명하는 행정행위를 말한다. 하명의 상대방은 특정인(特定人)인 경우가 일반적이지만 불특정다수인(不特定多數人)인 경우(例: 심야 통행금지)도 있다.

ii) 전술한 바대로 하명의 상대방이 의무를 이행하지 않는 경우에는 행정상 강제집행 또는 행정벌의 대상이 된다. 하지만 하명에 위반하여 법률행위가 이루어지는 경우, 법률에 별도의 규정이 없는 한 그 효력은 부인되지 않는다. 예컨대 방문판매가 금지되는 경우에 방문판매를 한 자는 처벌받지만 판매행위 그 자체는 유효한 것이다.

② 허가

i) 허가(許可)(Erlaubnis)란 법령에 의한 일반적 금지를 특정한 경우에 해제

하여 적법하게 일정한 행위를 할 수 있게 하는 행정행위이다. 즉 법규에 의한 부작위하명을 일정한 요건을 갖춘 경우에 해제하여 사실행위 또는 법률행위를 할 수 있게 하는 행정행위를 말한다(例: 영업허가, 건축허가, 운전면허, 의사면허 등). 허가는 상대방의 신청에 의해 행해지는 것이 원칙이나 예외적으로 통행금지의 해제와 같이 신청에 의하지 않은 허가도 있다. 허가는 실정법상으로는 허가라는 용어 외에 면허·인가·승인·등록 등의 여러 가지 용어로 사용된다. 그러므로 법령상의 표현에 상관없이 관계법령의 규정내용과 취지에 비추어 여기서 말하는 허가인지를 판단하여야 한다.

ii) 허가(許可)는 예방적 금지(豫防的 禁止)와 결부되어 있는바, 소위 억제적 금지(抑制的 禁止)의 해제인 예외적 승인(例外的 承認)과 구별된다. 즉 허가는 공익침해를 감안하여 잠정적으로 금지된 행위를 적법하게 할 수 있게 해주는 행위라 할 수 있다. 이에 반해 예외적 승인은 행위 그 자체가 사회적으로 유해하기 때문에 법령에 의해 일반적으로 금지된 행위를 예외적으로 적법하게 행사할 수 있도록 하는 행위이다. 예외적 승인은 잠정적으로 금지된 개인의 자유를 다시 회복시켜 주는 허가와는 달리, 법에 의해 일반적으로 금지된 행위를 예외적인 경우에 허용하는 처분이라 할 수 있다(例: 치료목적의 아편사용허가, 학교위생정화구역에서의 유흥음식점허가).

iii) 허가는 심사대상에 따라서, 대인적 허가, 대물적 허가, 혼합적 허가로 구분될 수 있다. 대인적 허가(對人的 許可)는 사람의 능력, 기술이나 지식 등 주관적 요소를 심사대상으로 한다(例: 운전면허, 의사면허). 대물적 허가(對物的 許可)는 물건의 객관적 사정에 착안하여 행하는 허가이다(例: 건축허가, 차량검사, 유흥주점영업허가). 혼합적 허가(混合的 許可)는 사람과 물건의 양자 모두를 심사대상으로 한다(例: 총포·도검·화약류등 제조허가).

iv) 한편 대인적 허가의 효과는 일신전속적(一身專屬的) 이므로 이전이 인정되지 않는다. 이에 반해 대물적 허가는 이전이 가능하고, 혼합적 허가는 이전성이 제한된다고 볼 수 있을 것이다.

③ 면제

면제(免除)(Erlassung)란 법령에 의하여 일반적으로 정해져 있는 작위·급부·수인의무를 특정한 경우에 해제하여 주는 행정행위를 말한다. 의무해제라는 점에서 허가와 같다. 하지만 '허가'는 그 대상이 '부작위의무의 해제'인데 대하여, '면제'는 '작위·급부·수인의무의 해제'라는 점에서 차이가 있다. 그러나 의무의 종류만 다를 뿐 양자 모두 의무를 해제한다는 점에서 그 성질은 동일하므로 허가에서 설명한 내용은 그대로 면제에도 적용된다고 할 수 있을 것이다.

2) 형성적 행정행위

형성적 행정행위(形成的 行政行爲)는 특정한 상대방에게 권리나 행위능력 또는 포괄적 법률관계나 기타 법률상의 힘을 발생·변경·소멸시키는 행위이다. 형성적 행정행위는 i) 직접 상대방을 위해 권리나 능력, 기타 법적 지위를 발생·변경·소멸시키는 행위인 특허(特許), ii) 제3자의 법률행위를 보충하여 그 효력을 완성시키는 행위인 인가(認可), iii) 제3자를 대신하여 하는 행위인 공법상 대리(公法上 代理)로 나뉠 수 있다.

① 특허

i) 특허란 특정 상대방에게 새로운 '권리를 설정'하거나, 새로운 '능력을 설정'하거나, 새로운 '법적지위 또는 포괄적인 법률관계를 설정'하는 행정행위로써 항상 신청을 요한다.

특허는 공익상의 필요에 따라 법률상의 힘을 부여하는 것이므로 특허를 할 것인지의 여부는 행정청의 재량에 속하는 것이 일반적이다. 이와 달리 허가의 경우 행정청의 구체적인 사전심사의 결과 상대방의 신청 행위가 법률요건을 충족시키는 경우 이를 해제하는 행위로써 원칙적으로 기속행위에 해당한다. 그러나 개별법의 규정방식에 따라서 허가를 재량행위로 하는 경우도 있고, 특허를 기속행위로 하는 경우도 있다.

한편 실정법에서는 특허라는 말 대신에 대개 '허가' 또는 '면허'라는 용어가 사용된다.

ii) 「권리설정」의 例: 공유수면매립면허, 광업허가, 특허기업 특허(버스운송사업면허, 도시가스사업허가, 국제항공운송사업허가, 전기사업허가 등)

iii) 「능력설정」의 例: 재건축조합과 같은 공법인을 설립하는 행위[15)]

iv) 「포괄적 법률관계설정」의 例: 공무원임명, 귀화허가

판례 1 마을버스 운송사업면허의 법적성질

(1) 여객자동차운송사업법령에 따른 마을버스운송사업면허의 허용 여부는 사업구역의 교통수요, 노선결정, 운송업체의 수송능력, 공급능력 등에 관하여 기술적·전문적인 판단을 요하는 분야이다. 그러므로 이에 관한 행정처분은 운수행정을 통한 공익실현을 위하여 보다 구체적 타당성에 적합한 기준에 의하여야 할 것이므로 그 범위 내에서는 법령이 특별히 규정한 바가 없으면 행정청의 재량에 속한다.

(2) 따라서 마을버스 한정면허시 확정되는 마을버스노선을 정함에 있어서도 기존 일반노선버스의 노선과의 중복 허용 정도에 대한 판단도 행정청의 재량에 속한다고 할 것이다.

(3) 관할관청(광주광역시 광산구청장)이, 대창운수 주식회사 등이 운행하는 기존 일반노선버스구간과 일부 중복되는 구간을 운행할 수 있도록 마을버스에 대하여 한정면허처분을 한 것은 재량권의 범위를 일탈하였다고 할 수 없다(대판 2002.6. 28, 2001두10028).

15) "행정청이 「도시 및 주거환경정비법」 등 관련 법령에 근거하여 행하는 조합설립인가처분은 단순히 사인들의 조합설립행위에 대한 보충행위로서의 성질을 갖는 것에 그치는 것이 아니라 법령상 요건을 갖출 경우 「도시 및 주거환경정비법」상 주택재건축사업을 시행할 수 있는 권한을 갖는 행정주체(공법인)로서의 지위를 부여하는 일종의 설권적 처분의 성격을 갖는다고 보아야 한다(대판 2009.9.24, 2008다60568)".

판례 2 공유수면매립면허의 법적성질

(1) 사안의 개요

원고는 1965.3.13. 피고(충청남도지사)로부터 충남 안면읍 중장리 앞 바다에 관하여 공유수면매립면허를 얻은 다음 그 매립공사를 하였다. 그러나 1차 연장허가를 받은 1969.12.31.까지 준공하지 못함으로써 위 면허는 1970.1.1.자로 실효(失效)되었다. 그 후 원고는 1987.10.14. 피고에게 실효된 매립면허의 회복신청을 하였다.

(2) 판시사항

'공유수면매립면허' 는 설권행위인 '특허' 의 성질을 갖는 것이므로 원칙적으로 행정청의 자유재량에 속한다. 그러므로 일단 실효된 공유수면매립면허의 효력을 회복시키는 행위도 특단의 사정이 없는 한 새로운 면허부여와 같이 면허관청의 '자유재량' 에 속한다. 그렇다면 효력이 상실된 매립면허의 효력을 회복시키는 처분도 특단의 사정이 없는 한 면허관청의 자유재량에 속하는 행위이다(대판 1989.9.12. 88누9206).

판례 3 귀화허가의 법적성질

(1) 국적은 국민의 자격을 결정짓는 것이고, 이를 취득한 사람은 국가의 주권자가 되는 동시에 국가의 속인적 통치권의 대상이 된다. 그러므로, '귀화허가' 는 외국인에게 대한민국 국적을 부여함으로써 국민으로서의 법적 지위를 포괄적으로 설정하는 행위에 해당한다.

(2) 국적법 등 귀화허가의 근거 규정의 형식과 문언, 귀화허가의 내용과 특성 등을 고려하여 보면, 법무부장관은 귀화신청인이 법률이 정하는 귀화요건을 갖추었다고 하더라도 귀화를 허가할 것인지 여부에 관하여 재량권을 가진다(대판 2010.7.15. 2009두19069)

② 인가

i) 인가(認可)(Genehmigung)는 행정청이 직접 자신과 관계없는 제3자의 법률행위를 보충하여 그 법률적 효력을 완성시키는 보충행위이다. 원래 사인(私人)간의 법률행위는 행정청의 관여 없이도 효력을 발생하는 것이 원칙이다. 그러나 공익보호의 관점에서 일정한 법률행위는 그 효력발생을 위해서 행정청의 동의를 요한다고 법령에서 규정되어 있는 경우가 있는데 이것이 인가이다.

ii) 한편 인가는 효력요건인 점에서 허가와 다르다. 즉 인가를 요하는 행위를 인가받지 않고 한 행위는 무효이지만, 법률의 특별한 규정이 없는 한 처벌이나 강제집행의 대상이 되지 않는다. 반면 허가에 있어서는 무허가행위는 처벌의 대상은 되지만 무효는 아니다.[16] 이점에서 차이점이 있다. 인가는 실정법상으로는 허가·특허·승인·인가 등의 개념으로 사용되고 있다.

iii) 인가의 例: 투기대상지역의 토지거래허가(「국토의 계획 및 이용에 관한 법률」 제118조), 사립학교 정관변경 인가(「사립학교법」 제45조), 사립학교법인 이사회 임원선임행위에 대한 승인(「사립학교법」 제20조), 교정법인의 임원 선임·취임에 대한 승인(「민영교도소 등의 설치·운영에 관한 법률」 제11조).[17]

판례 재단법인의 임원취임에 대한 '승인'의 법적성질 등

재단법인의 임원취임이 사법인인 재단법인의 정관에 근거한다 할지라도 임원취임에 대한 행정청의 '승인(인가)' 행위는 법인에 대한 주무관청의 감독권에 연유하는 이상 그 '인가행위' 또는 '인가거부행위' 는 공법상의 행정처분이다. 한편 그 임원취임을 인가 또는 거부할 것인지 여부는 주무관청의 권한에 속하는 사항이라고 할 것이고, 재단법인의 임원취임승인 신청에 대하여 주무관청이 이에 기속되어 이를 당연히 승인(인가)하여야 하는 것은 아니다(대판 2000.1.28. 98두16996).

---

16) 가령, 무허가음식점이라도 손님에 대한 판매행위는 유효하고, 또는 청소년에 대한 주류 판매가 금지되어 있어도 업주의 판매행위는 사법적으로 유효.

17) "교정법인의 대표자 및 감사와 제1항에 따라 위탁업무를 전담하는 이사는 법무부장관의 승인을 받아 취임한다."

③ 공법상 대리

공법상 대리란 타인인 제3자가 해야 할 행위를 행정청이 대신해서 행함으로써 스스로 행한 것과 같은 법적효과를 발생시키는 행정행위를 말한다. 여기서 말하는 공법상 대리는 사인(私人)에 대한 대리라는 점에서 행정조직 내부에서 이루어지는 '권한의 대리'와는 구별된다. 그리고 사인 본인의 의사에 의한 대리가 아니라 법률의 규정에 의해 이루어지는 법정대리(法定代理)이다.

대표적으로, 행정청이 감독적 견지에서 행하는 '사학재단의 임시이사의 임명', 사업시행자와 토지소유자 및 관계인간에 보상금 등의 협의가 불성립할 경우에 조정적 견지에서 하는 '토지수용위원회의 재결', 행정청이 행정작용의 실효성확보의 일환으로서 행하는 체납처분절차에서의 '압류재산의 공매처분'이 그 예이다.

(3) 준법률행위적 행정행위

전통적으로 준법률행위적 행정행위는 상대방에 대한 법률효과의 내용에 따라 확인, 공증, 통지, 수리로 나뉜다.

1) 확인

i) 확인(確認)(Feststellung)이란 일정한 사실 또는 법률관계가 존부(存否) 또는 정부(正否)에 대해 의문이 있거나 다툼이 있는 경우에 행정청이 이를 공적으로 판단하여 확정하는 행정행위를 말한다. 준사법적행위라 할 수 있다. 대표적으로, 당선인결정, 국가시험합격자 결정, 교과서검정, 국가유공자등록결정, 민주화운동관련자결정, 행정심판위원회의 재결이 그 예이다. 실정법상으로는 재결·결정·검정 등의 용어가 사용되고 있다.

ii) 한편 '당연퇴직의 통보'는 기존의 다툼이 없이 명확한 법률관계를 단순히 확인하는 것이므로 행정행위에 해당하는 확인행위가 아니라, 후술하는 사실행위라고 보는 것이 일반적이다. 확인행위는 사실관계나 법률관계를 확인하는 행위이므로, 원칙적으로 사실 또는 법률관계가 존재하거나 정당하다고 인정할 때에는 확인을 해야만 하는 기속행위이다. 다만, 교과서검정에서와 같이 판단여지가 인정될 수는 영역이 있을 수도 있다.

2) 공증

공증(公證)(Beurkundung)이란 일정한 사실이나 법률관계의 존재여부를 공적으로 증명하는 행정행위를 말한다. '확인'과의 차이점을 살펴보면, '확인'은 특정사실이나 법률관계의 존부에 대한 의문이나 분쟁이 있을 것으로 전제로 한다. 반면 '공증'은 의문이나 분쟁의 존재를 전제로 하지 않는다.

또한 '확인'은 판단표시행위라 할 수 있지만, '공증'은 사실이나 법률관계의 존재를 공적으로 증명하는 행위라는 점에서 다르다. 물론 일반적으로 확인 역시 증명서 등의 공증의 형식으로 표시되기 때문에 구별이 어려운 경우가 있다. 공증의 예로는 선거인명부에의 등록, 부동산등기부에의 등재, 당선증서나 합격증서와 같은 각종 증명서발급을 들 수 있다.

3) 통지

통지(通知)(Mitteilung)란 특정인 또는 불특정다수인에게 일정한 사실을 알리는 행정행위를 말한다. 토지수용에서의 사업인정의 고시(아래의 판례 1), 대집행의 계고, 조세체납자에 대한 독촉, 귀화의 고시가 그 예이다.

한편 준법률행위적 행정행위인 통지는 그 자체가 독립된 행정행위로서 법적효과를 가져 오는 행위이다. 반면에 단순한 사실행위로서의 통지행위는 법적효과가 주어지지 않는 것으로서 여기서의 통지행위와 구분된다. 그러므로 앞에서 언급한 당연퇴직[18]의 통보(아래의 판례 2)나 법률효과를 발생시키지 않는 단순한 경고는 행정행위에 해당하는 통지와 구별되어야 한다.

---

18) 공무원법상 당연퇴직이란 법률에서 규정하고 있는 일정한 사유의 발생으로 별도의 처분 없이 공무원의 지위가 당연히 소멸되는 것을 말한다. 당연퇴직의 사유에는 ① 공무원임용에 있어서 결격사유(국가공무원법 제33조, 지방공무원법 제31조)중의 하나가 발생한 경우, ② 정년・사망・임기만료, ③ 국적상실 등이다.

판례 1 (구)토지수용법 제14조의 규정에 의한 사업인정 고시(告示)의 법적성질

「(구)토지수용법」 제14조의 규정에 의한 '사업인정'은 그 후 일정한 절차를 거칠 것을 조건으로 하여 일정한 내용의 수용권을 설정해 주는 행정처분의 성격을 띤다. 그리고 이 사업인정을 받음으로써 수용할 목적물의 범위가 확정되고 수용권으로 하여금 목적물에 관한 현재 및 장래의 권리자에게 대항할 수 있는 일종의 공법상의 권리로서의 효력을 발생시킨다(대판 1994.11.11. 93누19375).

→ 「(구)토지수용법」은 현재 「공익사업을 위한 토지 등의 취득 및 보상에 관한 법률」로 바뀜. 그리고 「(구)토지수용법」상의 '기업자' 라는 명칭은 '사업시행자'로 변경됨

〈(구)토지수용법(1991.12.31 일부개정)〉

제3조(공익사업)

토지를 수용 또는 사용할 수 있는 사업은 다음 각 호의 1에 해당하는 사업이어야 한다.

1. 국방, 군사에 관한 사업

2. 법률 또는 법률의 위임에 의하여 발하는 명령에 의하여 시설하는 철도, 궤도, 도로, 주거장, 삭도, 전용자동차도, 교량, 하천, 제방, 언제, 사방, 방풍, 방화, 방조, 방수, 운하, 관개 및 발전용수로, 저수지, 선거, 항만, 부두, 상수도, 하수도, 공중변소, 진애 및 오물처리장, 전기, 전기통신, 방송, 가스, 측후, 항공 및 항로표식에 관한 사업

3. 국가 또는 지방공공단체가 설치하는 청사, 공장, 연구소, 시험소, 보건 또는 문화시설, 공원, 광장, 운동장, 시장, 묘지, 화장장, 도살장 기타 공공용시설에 관한 사업

8. 기타 다른 법률에 의하여 토지를 수용 또는 사용할 수 있는 사업

제4조(정의)

① 이 법에서 '기업자'라 함은 토지의 수용 또는 사용을 필요로 하는 공익사업을 행하는 자를 말한다.

④ 이 법에서 '사업인정'이라 함은 토지를 수용 또는 사용할 사업이 제3조 각

호의 1에 해당하는 것으로 결정함을 말한다.

제14조(사업인정)

기업자가 토지를 수용 또는 사용하고자 할 때에는 대통령령의 정하는 바에 의하여 건설부장관의 '사업인정'을 받아야 한다.

제15조(협의 및 의견청취)

건설부장관이 사업인정을 하고자 할 때에는 관계부장관 및 도지사와 협의하여야 하며, 대통령령의 정하는 바에 의하여 미리 중앙토지수용위원회 및 사업인정에 관하여 이해관계 있는 자의 의견을 들어야 한다.

제16조(사업인정의 고시)

① 건설부장관이 제14조의 규정에 의한 사업인정을 하는 때에는 지체없이 그 뜻을 기업자·토지소유자·관계인 및 관계도지사에게 통지하고, 기업자의 성명 또는 명칭, 사업의 종류, 기업지 및 수용 또는 사용할 토지의 세목을 관계 서울특별시·직할시 또는 도에서 발행하는 공보에 고시(告示)하여야 한다.

② 사업인정은 제1항의 규정에 의하여 고시한 날로부터 그 효력을 발생한다.

판례 2 국가공무원법상 '당연퇴직 통보'의 법적성질

국가공무원법 제69조에 의하면 공무원이 제33조 각 호의 1에 해당할 때에는 당연히 퇴직한다고 규정되어 있다. 그러므로 국가공무원법상 '당연퇴직'은 결격사유가 있을 때 법률상 당연히 퇴직하는 것이지 공무원관계를 소멸시키기 위한 별도의 행정처분을 요하는 것이 아니다. 다시 말해 '당연퇴직의 인사발령'은 법률상 당연히 발생하는 퇴직사유를 공적으로 확인하여 알려주는 이른바 '관념의 통지'에 불과하다. 즉 공무원의 신분을 상실시키는 새로운 형성적 행위가 아니므로 행정소송의 대상이 되는 독립한 행정처분이라고 할 수 없다(대판 1995.11.14. 95누2036).

〈국가공무원법(1994.12.22 일부개정)〉

제33조(결격사유)

① 다음의 각호의 1에 해당하는 자는 공무원에 임용될 수 없다.

1. 금치산자 또는 한정치산자

2. 파산자로서 복권되지 아니한 자

3. 금고이상의 형을 받고 그 집행이 종료되거나 집행을 받지 아니하기로 확정된 후 5년을 경과하지 아니한 자

4. 금고이상의 형을 받고 그 집행유예의 기간이 완료된 날로부터 2년을 경과하지 아니한 자

5. 금고이상의 형의 선고유예를 받는 경우에 그 선고유예기간중에 있는 자

6. 법원의 판결 또는 다른 법률에 의하여 자격이 상실 또는 정지된 자

7. 징계에 의하여 파면의 처분을 받은 때로부터 5년을 경과하지 아니한 자

8. 징계에 의하여 해임의 처분을 받은 때로부터 3년을 경과하지 아니한 자

제69조(당연퇴직)

공무원이 제33조 각호의 1에 해당할 때에는 당연히 퇴직한다.

4) 수리

수리(受理)(Annahme)란 행정청이 사인의 행위를 유효한 행위로서 받아들이는 행위이다. 수리는 행정청이 타인의 행위를 유효한 행위라고 판단한 경우에 수령하는 인식표시행위라는 점에서 사실행위에 해당하는 단순한 '접수'와는 차이가 있다. 수리와 관련하여 특히 구별되어야 할 것은 '자체완성적 신고(자족적 신고)'의 접수이다. 자체완성적 신고는 형식적 요건을 갖추고 있는 한 신고서가 접수기관에 도달한 때에 그 효력을 발생하므로 별도로 행정청의 수리를 요하지 않는다.[19)]

만일 신청서 등이 형식적 요건을 구비하지 못한 경우에는 행정청은 보정명령을 내릴 수 있고, 일정기간 내에 보정이 이루어지지 않으면 수리가 거부된

19) 행정절차법 제40조(신고): ① 법령 등에서 행정청에 일정한 사항을 통지함으로써 의무가 끝나는 신고를 규정하고 있는 경우, 신고를 관장하는 행정청은 신고에 필요한 구비서류, 접수기관, 그 밖에 법령 등에 따른 신고에 필요한 사항을 게시(인터넷 등을 통한 게시를 포함한다)하거나 이에 대한 편람을 갖추어 두고 누구나 열람할 수 있도록 하여야 한다. ② 제1항에 따른 신고가 다음 각 호의 요건을 갖춘 경우에는 신고서가 접수기관에 도달된 때에 신고 의무가 이행된 것으로 본다. 1. 신고서의 기재사항에 흠이 없을 것, 2. 필요한 구비서류가 첨부되어 있을 것, 3. 그 밖에 법령등에 규정된 형식상의 요건에 적합할 것.

다. 이러한 수리거부행위에 대해서는 취소소송을 제기할 수 있다. 수리의 예로는, 공무원의 사표수리, 혼인신고서의 수리, 행정심판신고서의 수리 등을 들 수 있다.

수리행위가 있을 경우 공법상의 법률효과가 발생하거나(例: 공무원의 사표수리), 사법상의 법률효과가 발생하거나(例: 혼인신고의 수리), 행정청의 일정한 처리의무를 발생시킬 수도 있다(例: 행정심판신고서의 수리).

§7 행정행위의 부관

I. 개설

1. 개념

행정행위의 '부관(附款)(Nebenbestimmungen)'이란 행정행위의 효과를 제한 또는 보충하거나 특별한 의무를 부과하기 위해 주된 행정행위에 부가된 종된 규율을 말한다.

□ 행정행위의 부관은 학문상 개념이며, 실정법에서는 일반적으로 '조건'으로 표시되고 있다.

2. 부관의 필요성과 문제점

(1) 부관의 필요성(순기능)

1) 행정의 탄력성 부여

행정행위의 부관은 특히 행정청이 행정목적을 달성함에 있어서 구체적인 행정실무의 특성에 적합한 조치를 할 수 있도록 유연성을 부여하는 기능을 수행한다.

□ 예를 들면, 허가의 요건을 충족하지 않은 신청이 있는 경우(예컨대, 10개의 요건 중 9개 구비되어 있고 1개가 미비 되어 있는 경우)에 행정청은 원칙적으로 그 허가를 거부할 수밖에 없다. 그러나 이 경우에도 허가를 거부하지 않고 미비된 허가요건을 충족할 것을 부관(조건)으로 하여 허가를 내 줌으로써

신청의 거부와 허가 사이의 '타협에 의한 해결'을 가능하게 한다. 즉 일률적으로 허가, 불허가를 결정하지 않고 다양한 형태의 조건을 달아서 행정목적을 달성하게 된다.

2) 절차경제의 효과

부관을 붙여 허가를 함으로써 신청을 거부한 경우에 생기는 재신청과 재심사를 생략할 수 있어 절차경제 도움을 준다. 따라서 행정청과 당사자 모두 동일한 행정절차를 반복하지 않음으로써 시간과 노력을 절약할 수 있다.

3) 공익(公益)과 제3자의 보호

특히 건축허가 등의 수익적 행정행위를 발령함에 있어서 인근주민의 동의를 받을 것을 조건으로 하는 경우 공익과 제3자가 보호될 수 있다. 환경오염배출공장에 오염방지를 위해 부관을 부과하는 경우도 마찬가지일 것이다.

또한 주택건설사업계획의 승인 시에 공공시설의 기부채납을 부관(부담)으로 붙이는 것도 상정할 수 있다. 즉 주택단지를 조성하는 경우, 도로·공원 등 공공시설을 주택단지 조성자 내지는 주택단지입주자의 부담으로 하는 것이 타당할 것이다.

(2) 부관의 문제점(역기능)

부관이 행정실무의 불가피한 보조수단으로서 행정행위의 형식을 이용하는 데 있어서 행정에 유연성을 부여하는 것은 사실이다. 그러나 부관을 남용하거나 과중한 부담을 활용하는 경우에는 부관이 오히려 국민의 권익에 장애가 될 수 있다.

3. 구별개념

(1) 법정부관

법령에서 직접 행정행위의 조건, 기한 등을 정하는 경우가 있다. 이와 같이 법령에서 행정행위의 효력범위를 직접 규정하고 있는 경우를 '행정행위의 부관'과 구분하여 '법정부관(法定附款)' 이라한다.

例) **연습운전면허유효기간 ⇒ 「도로교통법」 제81조(연습운전면허의 효력)** : 연습운전면허는 그 면허를 받은 날부터 1년 동안 효력을 가진다.

(2) 수정부담과의 구별

1) '수정부담(修正負擔)(Die modifizierende Auflage)' 또는 '수정된 허가' 란 보통의 부담과 같이 행정행위의 주된 내용에 부가되어 일정한 의무를 부과하는 것이 아니라, 사인(私人)이 신청한 내용과 다른 내용으로 행정행위를 하는 것, 즉 행정행위의 '내용자체' 를 수정・변경하는 것 을 말한다. 다시 말해 질적인 변경이다. 이는 부관이 아니다.

例) ① 수입업자 A가 미국으로부터의 쇠고기 수입을 신청하였는데, 광우병으로 인해 농림수산식품부장관은 이를 거부하고 호주산 쇠고기 수입을 허가

② 기와지붕을 갖는 건축허가 신청에 대해 콘크리트지붕으로의 건축허가/ 평지붕 집 건축허가 신청에 대해 눈이 많이 오는 강원도 산간이라는 이유로 경사지붕 허가

2) 수정부담은 이처럼 상대방이 신청한 내용을 일단 거부하고, 행정청이 수정한 내용을 상대방이 받아들이면 허가를 하겠다는 것이다(Nein, aber의 구조). 따라서 이러한 수정부담은 실제로는 부관(Ja, aber의 구조)이 아니라, 수정허가에 해당한다. 독일에서는 이를 부담으로 보지 않는 것이 일반적이다.

3) 수정부담은 신청된 내용의 행정행위를 부여하면서 그 법적효과를 제한하는 것이 아니라. 신청된 행정행위의 '내용 자체' 를 변경하여 변경된 내용의 행정행위를 행하는 것이므로 부관과 구별되어야 한다. 수정부담은 상대방이 수정된 내용을 받아들임으로써 완전한 효력을 발휘한다.

4. 부관의 한계문제

귀화허가와 같은 신분설정행위는 부관을 붙일 수 없다. 예컨대, 필리핀인 A와 몽고인 B에게 대한민국 국적을 부여함에 있어, 이름을 한국식으로 바꾸라든지, 대구에서 살 것을 조건으로 국적을 부여한다든지 해서는 안 될 것이다.

Ⅱ. 부관의 종류

부관은 그 내용에 따라 조건 · 기한 · 부담 · 부담유보 · 철회권의 유보 · 법률효과의 일부배제(다툼 있음)로 나누는 것이 보통이다.

1. 조 건

조건(條件)(Bedingung)은 행정행위의 효과의 발생 또는 소멸을 '장래의 불확실한 사실'에 의존시키는 부관을 말한다. 정지조건과 해제조건이 있다.

(1) **정지조건(停止條件)**(aufschiebende Bedingung) : 조건이 성취해야 행정행위의 효과가 비로소 발생

例) ① 주차시설의 완비를 조건으로 하는 호텔영업허가

② 장해시설완비를 조건으로 한 도로점용허가

③ 경산시에서 A가 학점 4.3을 넘으면 장학금 지급하기로 함

④ 일정한 필터가 장착된 경우에 쓰레기(폐기물) 소각장 영업허가

※ 2011년 유럽연합의 유로화 사용국들이 그리스에게 공무원 3만 명 감축, 연금제도개혁, 세금인상과 같은 자구노력이 선행될 것을 조건으로 100조의 구제 금융을 지원키로 한 것은 - 행정행위의 부관의 문제는 아니지만 - 정지조건의 좋은 예에 해당한다.

(2) **해제조건(解除條件)**(auflösende Bedingung) : 일단 행정행위의 효력이 발생함. 이후 조건이 성취되면 효과 소멸

例) ① 방글라데시인 A에 대해 거제의 삼성중공업에 취업될 조건으로 한 체류허가의 발급. 만일 삼성중공업에서 그만두게 되면 체류허가는 소멸되는 것임

② 경산시에서 A에게 4년간 장학금을 지급하기로 하였는데, 매 학기마다 3.0을 넘어야 되는 조건이 있음

③ 학교졸업 때까지 학자금대출(기한으로 볼 여지도 있음)

2. 기 한

기한(期限)(Befristung)은 행정행위의 효과의 발생 또는 소멸을 장래의 도래할 것이 확실한 사실에 의존시키는 부관이다. 시기와 종기로 나뉜다.

(1) **시기(始期)** ⇒ 기한이 도래함으로써 행정행위의 효력이 발생

例) ○월 ○○일부터 라면전문집 '꼬꼬면' 영업허가

(2) **종기(終期)** ⇒ 기한이 도래함으로써 행정행위의 효력이 소멸

例) ○월 ○○일까지 라면전문집 '꼬꼬면' 영업허가

'종기' 가 행정행위의 절대적 소멸원인이 되느냐하는 문제가 있다. 만일 그 내용상 장기간 계속되는 것이 예정되는 행정행위에 '부당하게 짧은 기한이 붙여진 경우' 에는 그것은 행정행위의 '존속기간' 이 아니라 '갱신기간' 으로 본다는 것이 다수의 견해이다. 판례도 같은 입장이다. 하지만 통상적으로는 종기의 도래로 행정행위의 효력은 소멸된다고 보아야 할 것이다.

(3) **조건과의 구별**: 조건과 기한은 모두 행정행위의 효력의 발생 또는 소멸에 관계되는 것이라는 점에서 동일하다. 그러나 '조건' 은 장래의 불확실한 사실을 전제로 하는 반면, '기한' 은 장래 도래가 확실한 사실을 전제로 한다는 점에서 차이가 있다.

A의 사망 시까지 연금지급결정이 내려진 경우, A의 사망 시까지는 조건이 아니라 기한에 해당한다. 왜냐하면 A의 사망이라는 사실은 장래 발생이 확실

하기 때문이다.

3. 부 담

(1) **의의**: 부담(負擔)(Auflage)은 행정행위의 주된 내용에 부가하여, 그 행정행위의 상대방에게 작위(作爲)·부작위(不作爲)·급부(給付)·수인(受忍)등의 의무를 부과하는 부관을 말한다. 부담은 이른바 '수익적 행정행위(收益的行政行爲)'에 붙여지는 것이 보통이고, 부관 중에서 그 예가 가장 많다.

例) ① 원자력발전소를 허가하면서 발전소 보호위해 무장한 경비원이 배치되어야 한다는 의무 부과

② 도로점용을 허가하면서 점용료납부의무를 부과

③ 영업허가에 부수해서 종업원의 정기건강진단의무를 부과

④ 호프집영업을 허가하면서 방음시설 설치의무를 부과

(2) **특징**: 부담은 그 존속이 주된 행정행위의 존재를 전제로 한다는 점에서 다른 부관과 같다. 그러나 부담은 주된 행정행위에 부수해서 '별도의 의무'를 부과하는 것이므로 다른 부관과는 달리 주된 행정행위로부터 독립한 처분의 성질을 가진다. 즉, 주된 행정행위에의 부종성(附從性)이 약하다. 따라서 부담만이 독립하여 '행정쟁송' 이나 '강제집행' 의 대상이 될 수 있다는 것이 통설·판례이다.

(3) **조건과의 구별**: 부담은 법령 또는 실무상 조건이라고 불리는 경우가 많지만, 양자는 그 성질상 구별되어야 한다.

1) 정지조건부 행정행위와의 구별

부담이 있더라도 주된 행정행위는 처음부터 효력을 발생한다. '부담부 행정행위' 는 부담의 이행을 필요로 함이 없이 즉시 효력이 발생한다. 반면 '정지조건부 행정행위' 는 조건이 성취되어야 비로소 효력이 발생한다.

2) 해제조건부 행정행위와의 구별

'해제조건부 행정행위' 는 조건사실의 성취에 의해 당연히 효력이 소멸한다. '부담부 행정행위' 는 부담을 이행하지 않더라도 당연히 그 효력이 소멸되지 않는다. 즉 행정청이 그 의무불이행을 이유로 당해 행정행위를 철회하거나, 행정상 강제집행 또는 일정한 제재를 가할 수 있을 따름이다.

3) 독립하여 행정소송이나 강제집행의 대상이 될 수 있는지 여부

'부담' 에 있어서 그 의무의 불이행이 있을 경우 독립하여 강제집행의 대상이 된다. 그러나 '정지조건' 에 있어서는 그 조건이 성취되지 않았다고 하여 강제집행이 행해질 수 없으며, 그러한 강제집행이 필요하지도 않다.

판례에 의하면 '부담' 은 부담만으로 취소소송의 대상이 될 수 있지만, '정지조건' 은 독립하여 취소소송의 대상이 될 수 없다. 즉 정지조건부 행정행위 전체가 취소소송의 대상이 된다.

□ 그러나 실제에 있어서 어떠한 부관이 부담인지 아니면 조건인지 구별이 쉽지 않다.

부관부 영업허가의 경우에 당해 부관이 부담이라면, 부담의 이행 없이 영업을 하여도 무허가영업이 아니다. 하지만 당해 부관이 정지조건이라면 조건의 성취 없이 영업을 하면 무허가영업이 된다. 예컨대, 소음방지시설을 설치하는 부관 하에 무도장허가를 하는 경우에 부관이 부담이라면 무도장허가는 즉시 효력을 발생하지만, 정지조건인 경우에는 소음방지시설이 완비 될 때까지 무도장허가는 효력이 발생하지 않는다. 양자의 구별이 명확하지 않을 경우에는, 행정처분의 상대방에게 보다 유리한 '부담' 으로 보아야 할 것이다.

4. 부담유보

부담유보(Auflagenvorbehalt)란 행정청이 행정행위를 발령하면서 사후적으로 부담을 설정·변경할 수 있는 권리를 유보해두는 부관을 말한다. 오늘날에는 사회 · 경제적 변화나 기술의 발전이 급속하게 이루어지므로 행정행위의 발령 시점에 그 행위의 효과를 충분히 예견할 수 없는 경우가 많다. 이러한 경우에 탄력적인 행정작용을 위하여 부담유보의 존재 의의가 있다.

例) ① 민간업자에 의한 도로가 새로이 건설됨에 있어 인근아파트에 살고 있는 주민에 대한 소음공해가 예상치를 넘어설 경우 추가적인 방음벽 설치부담을 조건으로 건설 허가

② 유해물질이 허용치를 넘어설 경우 필터설치부과 부담이 있을 수 있다는 조건으로 소각장을 허가

[표 7] '조건'과 '부담'의 시간적 효력지속

	VA의 발령 조건의 실현
「해제조건」부 VA	
「정지조건」부 VA	
「부담」부 VA	
부담을 나중에 과할 수 있음을 전제로 한 「부담유보」부 VA	

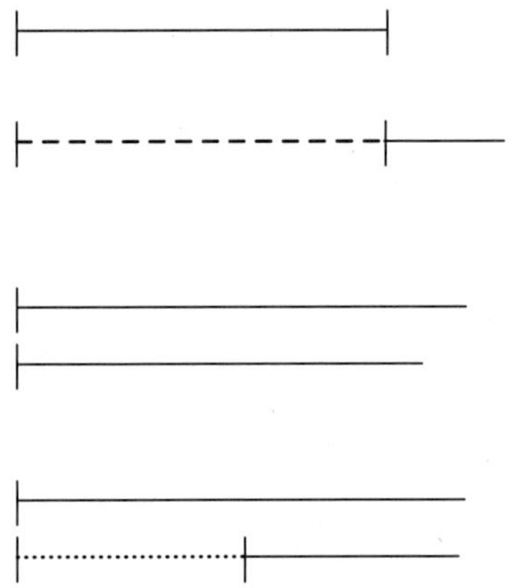

5. 철회권의 유보

(1) 의의 : 철회권의 유보(Widerrufsvorbehalt)란 행정청이 장래에 일정한 사유가 발생하는 경우에는 행정행위를 철회하여 그의 효력을 소멸시킬 수 있음을 유보해 놓은 부관을 말한다.

例) ① 노래방영업허가를 함에 있어서 소음으로 이웃의 안면을 방해하면 허가를 철회한다는 부관

② 보조금 교부허가하면서, 만일 지정된 특정의 목적으로 사용하지 않으면 철회한다는 부관

(2) 해제조건과의 구별 : 철회권의 유보는 사후에 행정행위의 소멸이라는 점

에서 해제조건과 비슷하다. 그러나 해제조건은 조건사실이 발생하면 당연히 행정행위의 효력이 소멸되는 반면에, 철회권 유보의 경우에는 유보된 사실이 발생하더라도 그의 효력을 소멸시키려면 행정청의 별도의 의사표시(철회)가 필요하다는 점에서 양자는 구별된다.

6. 법률효과의 일부배제

법률효과의 일부배제란 법률이 인정하고 있는 법적 효과발생의 일부를 행정청의 의사로 배제하는 것이다. 이것은 법령상 규정되어 있는 효과를 일부 배제하는 것이라는 점에서, 관계법령에 명시적 근거에 있는 경우에만 허용된다고 볼 것이다(예컨대, 「여객자동차운수사업법」 제4조 제3항).

〈여객자동차운수사업법〉

제4조(면허 등)

① 여객자동차운송사업을 경영하려는 자는 사업계획을 작성하여 국토해양부령으로 정하는 바에 따라 국토해양부장관의 면허를 받아야 한다. 다만, 대통령령으로 정하는 여객자동차운송사업을 경영하려는 자는 사업계획을 작성하여 국토해양부령으로 정하는 바에 따라 특별시장 · 광역시장 · 도지사 · 특별자치도지사의 면허를 받거나 시 · 도지사에게 등록하여야 한다.

③ 국토해양부장관 또는 시 · 도지사는 제1항에 따라 면허나 대통령령으로 정하는 여객자동차운송사업을 등록하는 경우에 필요하다고 인정하면 국토해양부령으로 정하는 바에 따라 운송할 여객 등에 관한 업무의 범위나 기간을 한정하여 면허를 하거나 여객자동차운송사업의 질서를 확립하기 위하여 필요한 조건을 붙일 수 있다.

법률효과의 일부배제의 예로서, 격일제 운행을 내용으로 하는 택시영업허가,

영업구역을 설정한 영업허가가 거론되기도 한다. 독일이나 일본의 경우 법률효과의 일부배제의 부관성을 부인하는 것이 일반적이다. 우리나라에서는 법률효과의 일부배제의 부관인정 여부에 대하여 의견이 일치하지 않고 있다. 판례는 법률효과의 일부배제에 대하여 부관적 성격을 인정하고 있는 것으로 보인다.[20] 이에 대하여는, 행정행위의 내용을 제한하는 내용규정에 지나지 않으므로 주된 행정행위에 부가되는 종된 규율인 부관과 구별되어야 할 것이라는 비판이 제기된다.[21]

생각건대, 설령 부관으로 편입한다하더라도 별도로 법률효과의 일부배제라는 형식을 인정할 필요 없이, 조건이나 기한 내지 부담 등으로 귀속시킬 수 있는 여지가 있다고 판단된다. 한편 권리구제와 관련하여, 법률효과의 일부가 배제된 행정행위를 원치 않고 제한 없는 행정행위를 발급받고자 한다면, 이를 요구하는 '의무이행심판'을 제기하면 될 것이다. 또는 제한 없는 행정행위발급을 청구했는데 행정청이 거부한 경우에는 '거부처분취소소송'을 제기하면 될 것이다.

---

20) "행정행위의 부관은 '부담'의 경우를 제외하고는 독립하여 행정소송의 대상이 될 수 없다. 따라서 행정청이 한 공유수면매립준공인가 중 매립지 일부에 대하여 한 국가귀속처분은 매립준공인가를 함에 있어서 매립의 면허를 받은 자의 매립지에 대한 소유권취득을 규정한 공유수면매립법 제14조의 효과 일부를 배제하는 부관을 붙인 것이므로 이러한 행정행위의 부관에 대하여는 독립하여 행정소송의 대상으로 삼을 수 없다(대판 1991.12.13, 90누8503)".

21) 정하중, 전게서, 262면; 박균성, 행정법강의, 박영사, 2011, 85면.

§8 행정행위의 성립 및 효력발생요건

행정행위가 성립하여 여러 효력이 발생하기 위해서는 여러 필요한 요건들을 갖추어야 한다. 이와 관련하여 주체 · 내용 · 형식 · 절차 · 표시 등에 관한 요건이 거론될 수 있다.

Ⅰ. 주체에 관한 요건

행정행위는 ① 정당한 권한을 가진 행정청에 의해 이루어져야 한다. 그러므로 공무원이 아닌 자의 행위는 행정행위에 해당되지 않는다.

② 그 권한의 범위 내에서 이루어져야 한다(지역적 한계와 사항적 한계)

i) **지역관할**: 행정청의 권한에는 지역적으로 일정한 한계가 있다.

중앙행정청(각부장관, 경찰청장, 국세청장, 병무청장)의 권한은 전국에 미치고, 지방자치단체장이나 국가의 특별지방행정청(지방경찰청장, 지방국세청장, 지방병무청장)의 권한은 그 지역에 한정됨.

例) 경북도지사는 경상북도, 포항시장은 포항시라는 일정한 지역 안의 주민 또는 사물에 대해서만 권한을 행사할 수 있는 것이 원칙이다.

ii) **사항관할**: 행정권은 그 목적과 종류에 따라 각 행정청에 배분되어 있다. 즉 행정청은 법령에 의해 정해진 일정한 사무에 관한 권한만을 갖는다.

예컨대, 법무부장관은 "검찰 · 행형 · 인권옹호 · 출입국관리 기타 법무에 관한 사항을 관할한다"(「정부조직법」 제27조 제1항). 교육과학기술부장관은 "인적자원개발정책의 수립 · 총괄 · 조정, 학교교육 · 평생교육 및 학술에 관한 사무와 기초과학 정책·연구개발, 원자력, 과학기술양성 그 밖에 과학기술진흥에 관한 사무를 관장한다" (동법 제24조). 즉 행정청은 다른 행정청의 권한에 속하는 사항을 처리하지 못한다.

例) 금융, 조세행정담당은 기획재정부장관이 관할권을 가지므로, 경찰이 과세(조세부과) 처분을 할 수 없다.

③ 끝으로 사기·강박이 아닌 정상적인 의사에 기하여 발령되어야 한다.

사 례 행정청의 권한의 한계

외국인 A에게 체류연장허가가 부여되었다. 어느 행정청이 이에 대한 권한을 가지는가?

행정행위는 각기 권한 있는 행정기관에 의해 발령되어야만 한다. 그렇지 않을 경우 당해 행정행위는 위법하다. 이와 같은 권한의 하자는 사항적·지역적 관점과 관련하여 출현할 수 있다.

→ 사례에서 체류연장허가권한은 법무부장관에게 있다. 만일 병무청장이 체류연장허가를 부여한다면 이는 사항적 관할권을 위반한 것이 될 것이다.

〈출입국관리법〉

제25조(체류기간연장허가) 외국인이 체류기간을 초과하여 계속 체류하고자 할 때에는 대통령령이 정하는 바에 따라 그 기간의 만료 전에 법무부장관의 체류기간연장허가를 받아야 한다.

II. 내용에 관한 요건

행정행위는 그 내용이 ① 법률상·사실상 실현 가능해야 한다. 그러므로 행정청은 기술적으로 실현이 불가능한 시설물의 설치를 명하여서는 안 된다(사실상 실현불가능). 또한 밀수허가와 같이 법률에서 인정하지 않는 권리를 부여해서도 안 되며, 국세징수법은 압류의 대상을 납세자의 재산에 국한하고 있으므로 납세자가 아닌 제3자의 재산을 대상으로 압류처분이 이루어져서도 안 된다(법적으로 실현불가능)[22].

② 당사자가 인식할 수 있을 정도로 명확해야 한다. 즉 행정행위는 그 상대방이 누구인지 명확히 알 수 있도록 하여야 하며, 또한 행정청이 무엇을 원하는지 분명히 알 수 있어야 한다.

③ 행정의 법률적합성원칙(법률우위와 법률유보)에 적합하여야 한다.

④ 비례의 원칙, 신뢰보호의 원칙, 평등의 원칙, 부당결부금지의 원칙과 같은 행정법의 일반원칙에 위배되어서는 안 된다.

Ⅲ. 형식에 관한 요건

(1) 우리나라 「행정절차법」은 행정청이 처분을 할 경우에는 ① 다른 법령에 특별한 규정이 있거나, ② 사안이 신속을 요하거나 사안이 경미한 경우 이외에는 '원칙적으로 문서'로 한다고 규정하여 행정행위의 '서면주의'의 원칙을 정하고 있다(제24조)

ㅁ 「행정절차법」 제24조(처분의 방식)

① 행정청이 처분을 하는 때에는 다른 법령 등에 특별한 규정이 있는 경우를 제외하고는 문서로 하여야 하며, 전자문서로 하는 경우에는 당사자등의 동의가 있어야 한다. 다만, 신속을 요하거나 사안이 경미한 경우에는 구술 기타 방법으로 할 수 있으며 이 경우 당사자의 요청이 있는 때에는 지체 없이 처분에 관한 문서를 주어야 한다.

② 처분을 하는 문서에는 그 처분행정청 및 담당자의 소속·성명과 연락처

---

22) 대판 2006.4.13, 2005두15151.

(전화번호 · 전자우편주소 등을 말한다)를 기재하여야 한다.

사 례 행정행위의 발령 형식

교통경찰관 P는 F의 자동차를 수신호로 세운다. P는 행정행위의 발령에 있어서 형식상의 요건을 충족하였는가?

독일 행정절차법 제37조 제2항은 행정행위의 발령형식과 관련한 기본적 사항을 규정하고 있다. 이에 따르면 서면에 의한 행정행위가 원칙인 우리나라와 달리, 독일의 경우 행정행위는 문서, 전자문서(예컨대 이메일), 구술(구두) 또는 기타의 어떠한 방식으로든 발령될 수 있다(제37조 제2항 1문). 즉 행정행위의 발령은 원칙적으로 특정형식에 얽매일 필요가 없다(不要式行爲).

다만 구두에 의한 행정행위는 당사자가 즉각 요구하고 이에 대한 정당한 이익이 있을 경우, 행정청은 문서 내지 전자문서로써 다시 발령하여야만 한다(제37조 제2항 2문).

마찬가지로 전자문서에 의한 행정행위 역시 당사자가 즉각 요구하고 이에 대한 정당한 이익이 있을 경우, 행정청은 문서로써 다시 발령하여야만 한다(제37조 제2항 3문).

→ 위 사례에서 P의 수신호는 F에게 의무를 부과하므로 '외부효'를 발산하며, 개별사안을 규율하고 있으므로 행정행위에 해당한다. 그리고 행정행위의 발령에 있어 형식자유의 원칙이 적용되므로, P의 F에 대한 수신호 정지명령은 적법하다.

(2) 또한 「행정절차법」 제23조에 따라 원칙적으로 처분에 대한 이유를 제시하여야 한다.

□ **「행정절차법」 제23조(처분의 이유제시)**

① 행정청은 처분을 하는 때에는 <u>다음 각 호의 1에 해당하는 경우를 제외하고는 당사자에게 그 근거와 이유를 제시하여야 한다</u>.

1. 신청내용을 모두 그대로 인정하는 처분인 경우

2. 단순·반복적인 처분 또는 경미한 처분으로서 당사자가 그 이유를 명백히 알 수 있는 경우

3. 긴급을 요하는 경우

② 행정청은 제1항 제2호 및 제3호의 경우에 처분 후 당사자가 요청하는 경우에는 그 근거와 이유를 제시하여야 한다.

사 례 청문(聽聞)

경북 영천시는 예술가 K의 이상야릇하고 기이한 집을 눈의 가시로 여기고 있는 중이다. 마침 K가 집을 받치고 있는 여러 기초벽들을 제거한 이후로 K의 집은 더 이상 안정성이 보장되지 못하는 정도에 이르게 되었다. 이에 영천시장은 건물 철거를 명하고자 한다. 그 전에 무엇이 이루어져야 하는가?

행정청은 '부담적 행정행위'의 발령에 있어 절차상의 원칙들을 준수해야 한다. 그중 하나가 당사자에 대한 청문(Anhörung)이다. 독일 행정절차법 제28조 제1항에 따르면, 권리가 침해될 수 있는 행정행위가 발령되기 전에, 당사자에게는 사전에 의견을 제시할 기회가 부여되어야 한다. 물론 청문을 해야 한다는 이러한 절차상의 원칙은 예외적으로 생략될 수 있다(예컨대 급박한 위험 혹은 공공의 이익을 위해 즉각적인 결정이 필요한 경우 등: 제28조 제2항).

→ 사례의 경우 영천시는 K에게 철거처분을 발하기 전에 먼저 청문을 실시하여야 한다. 물론 건물의 안정성이 위태하여 사람이나 물건에 피해를 줄 우려가 있다면 예외적으로 청문은 생략될 수도 있을 것이다.

우리나라의 행정절차법상 청문 규정은 제22조에서 찾을 수 있다.

〈행정절차법〉

제22조(의견청취) ① 행정청이 처분을 함에 있어서 다음 각 호의 1에 해당하는 경우에 청문을 실시한다.

1. 다른 법령 등에서 청문을 실시하도록 규정하고 있는 경우
2. 행정청이 필요하다고 인정하는 경우

② 행정청이 처분을 함에 있어서 다음 각 호의 1에 해당하는 경우에 공청회를 개최한다.

1-2. 생략

③ 행정청이 당사자에게 의무를 과하거나 권익을 제한하는 처분을 함에 있어서 제1항 또는 제2항의 경우 외에는 당사자등에게 의견제출의 기회를 주어야 한다.

④ 제1항 내지 제3항의 규정에 불구하고 제21조 제4항 각호의 1에 해당하는 경우와 당사자가 의견진술의 기회를 포기한다는 뜻을 명백히 표시한 경우에는 의견청취를 아니할 수 있다.

〈건축법〉

제86조(청문) 허가권자는 제79조에 따라 허가나 승인을 취소하려면 청문을 실시하여야 한다.

제79조(위반 건축물 등에 대한 조치 등) ① 허가권자는 대지나 건축물이 이 법 또는 이 법에 따른 명령이나 처분에 위반되면 이 법에 따른 허가 또는 승인을 취소하거나 그 건축물의 건축주 · 공사시공자 · 현장관리인 · 소유자 · 관리자 또는 점유자에게 공사의 중지를 명하거나 상당한 기간을 정하여 그 건축물의 철거 · 개축 · 증축 · 수선 · 용도변경 · 사용금지 · 사용제한, 그 밖에 필요한 조치를 명할 수 있다.

IV. 절차에 관한 요건

행정행위에 일정한 절차가 요구되는 경우에는 그에 관한 절차를 거쳐야 한다. 예컨대, 청문, 공청회, 다른 기관과의 협의 절차 등을 요한다고 법에 정해져 있으면 이러한 절차를 밟아야 한다.

만일 납세독촉장의 발부 없이 재산을 압류하였다면 절차상의 하자가 있는 것이다. 즉 조세체납자에 대한 재산을 압류하기 위해서는 먼저 독촉장을 발부

해야 함(「국세징수법」 제23조 참조).

□ **「국세징수법」 제23조**

① 국세를 그 납부기한까지 완납하지 아니한 때에는 세무서장 · 시장 또는 군수는 납부기한 경과 후 10일 내에 독촉장을 발부하여야 한다.

→ 강제징수절차: 독촉 + 체납처분(압류 + 매각 + 청산)

V. 표시에 관한 요건

행정행위는 외부에 표시되어야 하고, 기한이나 조건이 설정되어 있는 상황과 같은 특정한 사정이 없어야 효력을 발생한다.

사 례 행정행위의 효력 발생요건 – 공표

공무원 B와 이웃 N은 사이가 좋지 않다. B는 자신의 책상위에 N의 낡은 주차고에 대한 철거처분고지서가 놓여있는 것을 보고 그 기쁨이 적지 않다. 이날 저녁 평소 자주 가는 술집을 찾았는데, 마침 그곳에 있는 N에게 '우리 동네의 불명예이자 오점'이 마침내 철거되어야 한다는 것을 기쁨에 넘쳐 통지하였다. 이 통지행위로 N의 주차고는 철거될 수 있는가?

⟶ 국민 개개인에게 행정행위에 따르도록 요구할 수 있는 전제요건은 행정행위의 효력이 발생되어야 한다는 것이다. 행정행위의 효력발생에 관하여 독일 행정절차법 제43조에 의하면 행정행위의 효력이 발생하기 위해서는 당사자에게 통지(공표)되어야만 한다(제1항 제1문). 공표는 공적으로 관할 행정청에 의해 이루어져야 되며, 순수하게 공무원이 사적으로 알리는 것으로는 충분치 않다. 당연히 무효인 행정행위는 효력이 없다(제3항).

그리고 행정행위는 일반적으로 상대방에게 도달함으로써 효력을 발생함이 원칙이다. 이때의 '도달'은 상대방이 알 수 있는 상태를 말하며 상대방이 현실적으로 수령하여야 함을 의미하는 것은 아니다.

상대방에의 통지는 송달(送達) 또는 공고(公告)의 방법에 의한다. 먼저 送達은 다른 법령에 특별한 규정이 없는 한, 해당문서가 송달받을 자에게 도달함으로써 그 효력을 발생한다(우리나라 행정절차법 제15조 제1항).

다음으로 송달 받을 자의 주소를 통상의 방법으로 확인할 수 없거나 송달이 불가능한 경우, 즉 주소 및 거소가 분명하지 않은 경우 또는 행정행위의 상대방이 불특정 다수인인 경우가 있을 것이다. 이러한 경우에 있어서의 통지는 公告의 방법에 의하는바, 관보, 공보, 게시판, 일간신문 중 하나 이상에 공고하고 인터넷에도 공고하여야 한다(행정절차법 제15조 제4항).

§9 행정행위의 효력

행정행위가 성립요건과 효력발생요건을 갖추게 되면 일정한 효과가 발생한다. 이러한 효과에는 일반적으로 구속력·공정력·존속력(불가쟁력·불가변력)·강제력 등이 언급되고 있다.

I. 구속력

행정행위의 구속력(拘束力)(Verbindlichkeit)은 '행정행위가 그 내용에 따라 관계행정기관 및 행정행위의 상대방과 이해관계인[23]을 구속하는 힘'을 말한다. 행정행위는 이른바 공정력 때문에 그 하자가 중대하고 명백하여 무효가 아닌 한, 상대방 및 관계인에게 통지되는 시점부터 유효하게 되어 구속력을 발생시킨다.

이러한 구속력은 i) 상대방 및 제3자에 대한 구속력, ii) 처분청에 대한 구속력, iii) 다른 국가기관과 수소법원 이외의 법원(例: 민사법원, 형사법원)에 대한 구속력을 나뉠 수 있다.

例) ① 도로점용허가가 행해지면 상대방은 그 내용에 따라 도로를 점용할 권리를 갖고, 행정청이나 제3자는 이를 방해해서는 안 된다.

② 경찰관이 불법주차한 자동차의 운행자에게 즉각적인 발차명령을 내리거나 무허가 건물의 소유자에게 철거명령을 내리면 자동차 운행자나 무허가 건물의 소유자는 이러한 명령을 이행하여야 한다.

---

23) 여기서 이해관계인이란, 예컨대, 「A에게 보조금을 지급하기로 결정했는데 경쟁자인 B의 상황이 악화되는 경우에 있어서 B」 또는 「A에게 건축허가가 부여되었는데 인접주민 B의 집 경관이 침해되는 경우에 있어서 B」를 말함.

Ⅱ. 공정력

1. 의의

행정행위의 공정력(公定力)이란 “행정행위에 비록 하자가 있더라도 그것이 중대하고 명백하여 무효가 되지 않는 한 권한 있는 기관(처분청, 감독청, 행정심판위원회, 행정법원)에 의해 취소될 때까지는 유효한 것으로 통용되는 힘”을 말한다. 잠정통용력이라고도 한다.

例) ① A는 연령을 속여 운전면허를 발급받았다. 하지만 취소되지 않는 한 무면허 운전은 아님 ⇢ 취소되지 않는 한 유효하다.

② B에 대한 과세처분이 위법하다고 하여도 그 하자가 중대하고 명백하지 않는 한 일단 세금을 납부할 의무가 있다.

판례 1 행정행위의 '공정력'과 '불가쟁력'의 의미

> 행정행위에는 공정력과 불가쟁력의 효력이 있다. 즉, 설혹 행정행위에 하자가 있는 경우에도 그 하자가 중대하고 명백하여 당연 무효로 보아야 할 사유가 있는 경우 이외에는 그 행정행위가 행정소송이나 다른 행정행위에 의하여 적법하게 취소될 때까지는 단순히 취소할 수 있는 사유가 있는 것만으로는 누구나 그 효력을 부인할 수는 없다(**공정력**). 그리고 법령에 의한 불복기간이 경과한 경우에는 당사자는 그 행정처분의 효력을 다툴 수 없다(**불가쟁력**)(대판 1991.4.23. 90누8756).

판례 2 지방경찰청장의 운전면허 취소처분이 위법하여 취소 된 경우 쟁송기간 중의 운전이 무면허에 해당하는지 여부

> (1) 사안의 개요 : 피고인이 행정청으로부터 자동차 운전면허취소처분을 받았으나 나중에 이 면허취소처분이 행정쟁송절차에 의하여 취소되었다. 문제는 피고인이 면허취소처분 이후에 무면허 운전을 하였다는 것인데 이로 인해 기소된 사건

이다.

(2) 판단 : 만일 운전면허를 취소하는 행정처분이 위법하여 후에 취소되었다면, 그 행정처분은 처분시에 소급하여 효력을 잃게 되는 것이고 피고인은 위 운전면허취소처분에 복종할 의무가 원래부터 없었음이 후에 확정되었다고 봄이 타당하다. 다시 말해, 행정행위에 공정력의 효력이 인정된다고 하여 행정소송에 의하여 적법하게 취소된 운전면허취소처분이 단지 장래에 향하여서만 효력을 잃게 된다고 볼 수는 없다(대판 1999.2.5. 98도4239).

2. 공정력의 근거

(1) 실정법적 근거

행정행위의 공정력을 직접적으로 인정하는 명문규정은 없다.

처분의 '집행부정지(執行不停止)' 에 관한 규정(「행정심판법」 제30조, 「행정소송법」 제23조)을 공정력의 간접적인 근거로 보는 입장이 있다. 그러나 집행부정지에 관한 내용은 각국의 입법정책에 따라 인정여부가 결정되는 것이며 행정행위의 공정력과는 관계가 없다는 것이 일반적인 견해이다.

□ 우리나라, 일본, 프랑스는 집행부정지가 원칙, 집행정지가 예외
독일은 집행정지가 원칙, 집행부정지가 예외

〈행정심판법〉 제30조(집행정지)

① 심판청구는 처분의 효력이나 그 집행 또는 절차의 속행(續行)에 영향을 주지 아니한다.

② 위원회는 처분, 처분의 집행 또는 절차의 속행 때문에 중대한 손해가 생기는 것을 예방할 필요성이 긴급하다고 인정할 때에는 직권으로 또는 당사자의 신청에 의하여 처분의 효력, 처분의 집행 또는 절차의 속행의 전부 또는 일부의 정지를 결정할 수 있다. 다만, 처분의 효력정지는 처분의 집행 또는 절차의 속행을 정지함으로써 그 목적을 달성할 수 있을 때에는 허용되지 아니한다.

〈행정소송법〉 제23조(집행정지)

① 취소소송의 제기는 처분 등의 효력이나 그 집행 또는 절차의 속행에 영향을 주지 아니한다.

② 취소소송이 제기된 경우에 처분 등이나 그 집행 또는 절차의 속행으로 인하여 생길 회복하기 어려운 손해를 예방하기 위하여 긴급한 필요가 있다고 인정할 때에는 본안이 계속되고 있는 법원은 당사자의 신청 또는 직권에 의하여 처분등의 효력이나 그 집행 또는 절차의 속행의 전부 또는 일부의 정지를 결정할 수 있다. 다만, 처분의 효력정지는 처분등의 집행 또는 절차의 속행을 정지함으로써 목적을 달성할 수 있는 경우에는 허용되지 아니한다.

(2) 이론적 근거

공정력의 근거를 행정목적의 신속한 달성 및 행정행위의 상대방이나 제3자의 신뢰보호와 같은 정책적 이유에서 찾는 '법적 안정성설(法的 安定性說)'이 다수설이다.

보충설명 구성요건적효력의 문제

1. 의의

행정행위의 '구성요건적효력(Tatbestandswirkung)'이란 행정행위에 비록 하자가 있더라도 그것이 중대하고 명백하여 무효가 되지 않는 한 처분청 등(처분청, 감독청, 행정심판위원회, 취소소송의 행정법원) 이외의 국가기관은 그의 존재를 존중하며 스스로의 판단의 기초 내지는 구성요건으로 삼아야 한다는 행정행위의 구속력을 말한다.[24] 판례는 구성요건적 효력의 개념을 별도로 인정하지 않고 이를 공정력으로 간주하지만, 학계에서는 독일과 마찬가지로 양자를 구별하는 것이 다수의 견해이다.

2. 구성요건적효력과 선결문제

(1) **선결문제(先決問題)의 의의**: 민사사건 또는 형사사건의 재판절차에서 본안

판단을 하기 위해 특정한 행정행위의 위법여부 또는 효력유무가 먼저 해결되어야 하는 경우가 있다. 선결문제란 이러한 상황에서 그 특정한 행정행위의 위법여부 또는 효력유무 등을 행정법원이 아닌 민사법원이나 형사법원이 심사할 수 있는지의 문제를 말한다.

(2) 민사사건의 경우

① 행정행위의 <u>**'위법여부'** 가 선결문제인 경우</u>(예 : 국가배상청구사건)

행정청의 계고처분으로 건물을 철거당한 이후 계고처분이 위법함을 이유로 국가배상을 청구한 경우, 관할 민사법원이 배상책임의 요건인 계고처분의 위법성여부를 심사할 수 있는지가 문제된다.

이에 대해 다수설과 판례는, 국가배상소송에서는 행정행위의 효력을 부인까지는 하지 않고 당해 행위의 위법성만을 판단하면 되므로, 민사법원은 당해 행위의 <u>위법성 여부를 심사할 수 있다</u>고 본다.

② 행정행위의 <u>**'효력유무'** 가 선결문제인 경우</u>(예 : 부당이득반환청구사건)

위법한 과세처분에 따라 세금을 납부한 후 이 납부한 세금을 반환받기 위해 부당이득반환청구를 한 경우, 관할 민사법원은 부당이득반환청구의 인용요건인 행정행위의 효력유무를 스스로 판단할 수 있는가의 문제이다.

이에 대해 다수설과 판례는 당해 <u>행정행위가 무효인 경우에는</u> 공정력 내지 구성요건적효력이 인정되지 않으므로 <u>직접 효력을 부인할 수 있지만</u>, <u>취소사유에 불과한 경우에는</u> 공정력 내지 구성요건적효력이 인정되므로 <u>효력을 부인할 수 없다고 한다</u>.

결국 취소사유에 불과한 경우에는 먼저 과세처분에 대해 취소소송을 제기하여 취소판결을 받은 후에 부당이득 반환청구를 제기해야 할 것이다.

(3) 형사사건의 경우

민사사건의 경우와 동일하다.

① 행정행위의 <u>**'위법여부'** 가 형사사건의 선결문제인 경우</u> : 형사법원은 당해 행정행위의 <u>위법성을 판단 할 수 있다.</u>

② 행정행위의 <u>**'효력유무'** 가 형사사건의 선결문제인 경우</u> : 형사법원은 당해 행정행위가 <u>무효에 해당하면 효력을 부인할 수 있지만, 취소사유에 불과하다면 효</u>

력을 부인할 수 없다.

예를 들어, 위법사유가 있는 운전면허를 받은자가 무면허운전으로 기소된 경우, 형사법원은 그 운전면허소지자를 무면허운전자로 처벌하기 위해서 운전면허처분의 **'효력여부'** 를 심사할 수 있는지가 문제된다.

→ 행정행위의 하자가 **'(당연)무효'** 인 경우에는 형사법원은 행정행위의 효력을 판단할 수 있다. 하지만 행정행위의 하자가 **'취소'** 사유에 그치는 경우에는 구성요건적 효력 때문에 형사법원은 당해 행정행위가 취소되기 전에는 그 효력을 부인할 수 없다는 것이 학설과 판례의 입장이다.

→ "연령미달의 결격자인 피고인이 타인의 이름으로 운전면허시험에 응시, 합격하여 교부받은 운전면허는 **'당연무효'** 가 아니고 도로교통법 제65조 제3호의 **'취소사유에'** 해당함에 불과하다. 그러므로 취소되지 않는 한 유효하므로 피고인의 운전행위는 무면허운전에 해당하지 않는다(대판 1982.6.8, 80도2646)".

[표 8] 선결문제의 유형

	처분의 위법·적법/ 효력 유무	사건의 내용	선결문제의 내용
민사소송	처분의 위법·적법	국가배상청구[25]	계고처분의 위법확인
	처분의 효력 유무	부당이득반환청구	과세처분의 효력부인
형사소송	처분의 위법·적법	시정명령위반처벌[26]	시정명령의 위법확인
	처분의 효력 유무	무면허운전자처벌	운전면허의 효력부인

24) 가령 관할행정청이 특정인의 국적을 박탈하거나, 특정 공무원을 파면하는 경우에, 다른 행정청이나 민사법원 또는 형사법원은 이들 행정행위의 규율내용을 존중하고 주어진 사실로서 그들의 결정에 기초로 삼아야 한다. → 법무부장관이 국적법에 근거하여 A에게 귀화허가를 하였으면 그 귀화허가가 무효가 아닌 한 다른 모든 국가기관은 A를 대한민국 국민으로 인정해야 한다.

25) 「위법한 행정대집행이 완료되면 그 처분의 무효확인 또는 취소를 구할 소의 이익은 없다 하더라도, 미리 그 행정처분의 취소판결이 있어야만, 그 행정처분의 위법임을 이유로 한 손해배상 청구를 할 수 있는 것은 아니다(대판 1972.4.28, 72다337)」.

26) 「도시계획구역 안에서 허가 없이 토지의 형질을 변경한 경우 행정청은 그 토지의 형질을 변경한 자에 대하여서만 구 도시계획법 제78조 제1항에 의하여 처분이나 원상회복 등의 조치명령을 할 수 있다고 해석된다. 그러므로 토지의 형질을 변경한 자도 아닌 자에 대하여 원상복구의 시정명령이 발하여진 경우 위 원상복구의 시정명령은 위법하다. (...)구 도시계획법 제78조 제1항에 정한 처분이나 조치명령을 받은 자가 이에 위반한 경우, 이로 인하여 같은 법 제92조에 정한 처벌을 하기 위해서는 그 처분이나 조치명령이 적법한 것이라야 한다. 그 처분이 당연무효가 아니라 하더라도 그것이 위법한 처분으로 인정되는 한 같은 법

Ⅲ. 존속력

행정행위가 일단 발해지면 그 행위를 근거로 하여 많은 법률관계가 형성된다. 그러므로 행정행위를 취소・변경하지 않고 존속하는 것이 바람직하다. 이와 같이 행정행위를 존속시키기 위한 제도로써 존속력(存續力)(Bestandskraft)이 있다. 존속력은 ‘불가쟁력(형식적 존속력)’과 ‘불가변력(실질적 존속력)’으로 나뉜다.

1. 불가쟁력(형식적 존속력)

불가쟁력(不可爭力)은 행정행위의 상대방 및 이해관계인에 대한 효력이다. 즉, 행정행위의 불가쟁력이란 “쟁송제기기간이 경과하거나 또는 쟁송수단을 마친 때에는 더 이상 행정행위의 효력을 다투지 못하게 되는 힘”을 말한다.

행정행위에 불가쟁력을 인정하는 이유는 행정행위의 효력을 신속하게 확정시킴으로써 행정법관계를 조기에 안정시키기 위해서이다.

사 례 행정행위의 불가쟁력

가옥을 10억에 양도하여 5억의 차익을 남긴 A에게 3억의 양도소득세가 부과되었다. 이에 A는 부과된 세액이 과다하다는 이유로 행정심판을 제기하였지만 행정심판위원회로부터 이유 없다는 재결을 받았다. 그 후 A는 바쁜 사업 일정 때문에 2년이 지나서야 부당한 양도소득세에 대하여 행정소송을 제기하려 한다. 이의 인용가능성은?

→ 본 사안은 행정행위의 존속력에 관한 문제이다. 일반적으로 행정심판의 재결이 있은 후 그 불복기간이 지난 후에는 당해 재결에 대하여 더 이상 효력을 다툴 수 없다. 이를 존속력 중에서 불가쟁력이라고 한다. 본 설문에 의하면 A는

제92조 위반죄가 성립될 수 없다(대판 1992.8.18, 90도1709)」.

재결이 있은 후 2년 만에 행정소송을 제기하였다. 그러나 행정소송법 제20조에 의하면 재결이 있은 후 이에 불복하는 자는 재결서 송달을 받은 날로부터 90일 이내에 행정소송을 제기하여야만 한다. 따라서 A의 행정소송제기는 불가쟁력에 의하여 각하(却下)될 것이다.

〈행정소송법〉

제18조 (행정심판과의 관계)

① 취소소송은 법령의 규정에 의하여 당해 처분에 대한 행정심판을 제기할 수 있는 경우에도 이를 거치지 아니하고 제기할 수 있다. 다만, 다른 법률에 당해 처분에 대한 행정심판의 재결을 거치지 아니하면 취소소송을 제기할 수 없다는 규정이 있는 때에는 그러하지 아니하다.

제20조 (제소기간)

① 취소소송은 처분 등이 있음을 안 날부터 90일 이내에 제기하여야 한다. 다만, 제18조제1항 단서에 규정한 경우와 그 밖에 행정심판청구를 할 수 있는 경우 또는 행정청이 행정심판청구를 할 수 있다고 잘못 알린 경우에 행정심판청구가 있은 때의 기간은 재결서의 정본을 송달받은 날부터 기산한다.

② 취소소송은 처분 등이 있은 날부터 1년(제1항 단서의 경우는 재결이 있은 날부터 1년)을 경과하면 이를 제기하지 못한다. 다만, 정당한 사유가 있는 때에는 그러하지 아니하다.

2. 불가변력(실질적 존속력)

(1) 의의

불가변력(不可變力)은 처분청 등 행정기관에 대한 효력이다.

행정행위가 위법하거나 공익에 적합하지 않은 때에는 행정청은 이를 취소 또는 철회할 수 있는 것이 원칙이다. 그러나 일정한 행정행위에 있어서는 그 성질상 행정청도 이를 취소 또는 철회할 수 없거나, 일정한 제한 하에서만 취소·

철회가 허용되는 경우가 있다. 이처럼 일정한 행정행위에 있어서 그 취소·철회가 허용되지 않거나 제한되는 효력을 불가변력이라 한다.

(2) 불가변력이 인정되는 행정행위의 범위

불가변력은 모든 행정행위에 인정되는 것이 아니라 예외적으로 특별한 경우에만 인정된다.

1) 준사법적행위

준사법적(準司法的) 절차를 거쳐 행하여지는 행정행위에 불가변력이 인정된다.

例) 행정심판위원회의 재결
토지수용위원회의 재결
소청심사위원회의 결정
배상심의회의 결정

2) 확인행위

쟁송절차와 관련 없는 확인행위에도 취소·변경·철회할 수 없는 효력인 불가변력을 인정하는 것이 일반적이다.

例) 국가시험합격자결정, 당선인결정

보충자료 불가쟁력과 불가변력의 비교

1. 공통점

불가쟁력과 불가변력의 목적은 양자 모두 행정법관계의 안정을 도모하고 상대방의 신뢰를 보호하기 위해 행정행위의 효력을 지속시키기 위한 것이다.

2. 차이점

① 대상: 불가쟁력은 상대방 및 이해관계인에 대한 구속력이고, 불가변력은 처분청 등 행정기관에 대한 구속력이다.

② 범위: 불가쟁력은 무효인 행정행위를 제외한 모든 행정행위이고, 불가변력은 특정 행정행위(준사법적행위, 확인행위)에만 인정된다.

> ③ 성질: 불가쟁력은 행정심판법이나 행정소송법에서 제소기간을 법정함으로써 발생하는 절차법적 효력(형식적 존속력)이지만, 불가변력은 행정행위의 성질에서 연유하는 실체법적 효력(실질적 존속력)이다.
>
> ④ 취소 내지 쟁송제기 가능여부: 불가쟁력이 생긴 행위가 당연히 불가변력을 발생시키는 것은 아니므로, 불가쟁력이 발생한 행정행위라도 불가변력이 없는 경우에는 행정청 등 권한 있는 기관은 이를 직권으로 취소할 수 있다.
>
> 마찬가지로 불가변력이 있는 행위가 불가쟁력을 가지는 것은 아니므로, 불가변력이 있는 행위라도 쟁송기간이 경과하기 전에는 상대방이나 이해관계인은 쟁송을 제기하여 이를 다툴 수 있다.

Ⅳ. 강제력

행정행위의 강제력(強制力) 또는 집행력(執行力)이란 행정행위에 의해 일정한 의무가 부과된 경우(例: 건물철거처분, 과세처분)에 있어서, 상대방이 의무를 이행하지 않으면 행정청은 법원의 힘을 빌리지 않고 그 이행을 스스로 강제할 수 있는 힘을 말한다 ⇒ 「행정대집행법」상의 대집행, 「국세징수법」상의 국세징수 이러한 강제력에 대해서는 § 15 행정의 실효성 확보수단에서 상술함.

§ 10 행정행위의 하자

Ⅰ. 의의

행정행위는 행정행위의 성립요건과 효력발생요건을 완전히 구비하여야 적법하게 효력이 발생될 수 있다. 만일 위의 요건 중 어느 하나를 갖추지 못한 행위를 '흠(하자)' 있는 행정행위라고 한다.

Ⅱ. 행정행위의 하자의 종류

1. 무효원인인 하자

행정행위의 하자가 '중대' 하고 '명백' 한 경우에는 무효사유가 된다. 무효사유인 하자가 있는 행위는 처음부터 행정행위로서의 효력이 전혀 발생하지 않는다.

판례 부동산을 양도하지 않았음에도 양도소득세를 부과한 처분 – 무효사유

> 부동산을 양도한 사실이 없음에도 세무당국이 부동산을 양도한 것으로 오인하여 양도소득세를 부과하였다면 그 부과처분은 착오에 의한 행정처분으로서 그 표시된 내용에 중대하고 명백한 하자가 있어 당연 '무효' 이다 대판 1983.8.23. 83누179).

2. 취소원인인 하자

행정행위의 흠이 중대하고 명백한 정도에 이르지 않은 때에는 취소사유가 된다. 취소사유가 있는 행정행위는 권한 있는 기관에 의하여 취소되어야 비로소 효력을 상실한다. 따라서 처음부터 당연히 효력을 발생하지 않는 무효인 행정행위와 구별된다.

3. 무효나 취소에 해당하지 않는 하자

(1) 명백한 오기 · 오산

명백한 오기(誤記)나 오산(誤算)이 있는 때에는 행정행위의 효력에 아무런 영향을 미치지 않는다. 즉 행정청은 언제나 이를 정정할 수 있고, 상대방도 정정을 요구할 수 있다.

(2) 행정행위의 부존재

행정행위가 그 성립요건의 중요한 요소를 갖추지 못함으로써, 행정행위라고 볼 수 있는 외형조차도 존재하지 않는 경우를 행정행위의 부존재(不存在)라고 한다.

例) ① 행정기관 내부적으로 의사결정이 있었을 뿐 대외적으로 표시되지 않은 행위

② 행정기관이 아닌 것이 명백한 사인(私人)의 행위 -> 앞의 § 6 II. 1의 신발가게아가씨를 흠모하는 청년의 '절대추차금지' 폿말 사례 참조

③ 행정행위가 '해제조건의 성취(조건사실의 발생)' 또는 '종기(終期)가 붙은 행정행위의 기한의 도래' 등에 의해 효력이 소멸된 경우

'행정행위의 부존재' 는 처음부터 행정행위로서의 아무런 효력을 발생하지 않는 점에서는 무효인 행정행위와 같으나, '무효인 행정행위' 의 경우는 어쨌거나 행정행위의 외형을 갖추고 있다는 점에서 양자는 구별된다.

Ⅲ. 행정행위의 무효와 취소의 구별

1. 의의

무효인 행정행위란 행정행위의 외형은 갖추고 있으나 처음부터 행정행위로서의 효력이 전혀 없는 경우를 말한다.

취소할 수 있는 행정행위란 행정행위에 흠이 있음에도 불구하고 권한 있는 기관에 의한 취소행위가 있어야 비로소 그 효력을 상실하게 되는 행정행위를 말한다. 즉 권한 있는 기관에 의해 취소되기 까지는 효력을 갖게 된다.

무효사유의 범위가 넓어지면 국민의 권리구제는 용이해진다. 반면, 취소사유의 범위가 넓어지면 행정법관계의 안정이나 행정목적의 달성에 유리해진다. 따라서 상대방의 권리구제와 법적안정성이라는 두 가지 이념을 어떻게 조화시킬 것인지가 문제된다.

2. 무효와 취소의 구별기준

어떠한 기준에 따라 양자를 구분할 것인가 하는 것은 학설과 판례에 맡겨져 있다. 여러 견해가 있으나 몇 가지를 살펴보면 다음과 같다.

(1) 중대설 : 행정행위에 중대한 하자가 있으면 비록 명백하지 않더라도 무효로 본다.

(2) 중대 · 명백설 : 행정행위가 내용상 '중대'하고 외형상 '명백'한 경우에는 무효이고, 그에 이르지 않으면 취소의 대상이 된다는 견해이다. 통설과 판례의 입장이다.

(3) 명백성보충요건설 : 행정행위가 무효가 되기 위해서는 하자의 중대성은 필수적인 요건이지만, 명백성은 구체적인 사안에 따라 보충적으로 요구되는 요건이라는 견해이다. 이에 의하면 중대 · 명백설보다 무효의 인정범위가 넓어지므로 국민의 권익구제는 용이해진다.

사 례 절대적 무효

뮌헨시장은 G에게 Peep-Show영업을 허가하였다. 이 행정행위는 무효인가? 그렇다면 왜?

(1) 우리나라와 달리 독일의 경우 행정절차법 제44조에서 행정행위가 무효로 될 수 있는 사유들을 나열하고 있다. 행정행위의 '위법(Rechtswidrigkeit)' 과 '무효(Nichtigkeit)' 는 엄격히 구분되어야 한다. 행정행위가 '위법' 하다는 것만으로는 '무효' 가 되지 않는다. 오히려 '위법한 행정행위' 도 기본적으로 유효하며, - 행정청 또는 법원에 의해 폐지되지 않는 한 - 당사자는 이를 따라야만 한다. 이에 반해 '무효인 행정행위' 는 처음부터 전혀 효력이 발생하지 않고 당사자는 이를 준수할 필요가 없다.

(2) 독일 행정절차법 제44조 제2항은 행정행위가 이른바 **절대적 무효사유**에 해당하는 일련의 예가 열거되어 있다. 제44조 제2항 제1호에 의하면 "발령한 행정청을 인식할 수 없는 문서나 전자문서의 행정행위는 무효이다." 만일 당사자가, 어떠한 행정청이 자기에게 행정행위를 발령하는지를 알지 못한다면 당해 행정행위에 대한 방어가 불가능하기 때문이다. 다음으로, 제2호는 법령에 증서를 교부해야한다고 되어 있음에도 이것이 미비된 경우를 언급하고 있는데, 임명장 없는 공무원임명(연방공무원법 제6조 제2항 제1문 참조)이 그 예이다. 제3호는 '관할권의 흠결' 과 관련 있다. 제4호는 '사실상의 실현 불가능' , 제5호는 '형법상 죄가 될 수 있는 행위의 요구' , 제6호는 '선량한 풍속에의 위반' 에 대해 규정하고 있다.

→ 상기 사례는 제6호에 해당된다. 만일 정상적이고 합리적인 사고를 하는 자의 품위가 손상되는 경우라면 선량한 풍속에 대한 위반이 존재한다고 할 것이다. 여하간 Peep-Show영업은 선량한 풍속에 위반된다는 것이 일반적 견해이다. 그러므로 사안에서 뮌헨 시장의 Peep-Show영업허가는 '무효' 에 해당한다.

사 례 상대적 무효

> **18세의 여성 F는 입영통지서를 발부받았다. 효력을 발생하는가?**
>
> 독일 행정절차법 제44조 제1항에 의하면, 만일 행정행위에 '중대하고', '명백한' 하자가 있으면 무효다 → 이른바 **상대적 무효**. 즉 법학이나 기타의 전문지식이 없어도 그 결함을 인식할 수 있을 정도의 것이라면 하자의 명백성은 인정될 수 있을 것이다.

□ 독일 행정절차법 제44조에 따른 행정행위의 무효
1. 절대적 무효(제44조 제2항) 제1호: 문서로 발령된 행정행위에 있어서 발령 행정청을 인식 할 수 없는 경우 제2호: 법령에 규정된 '증서교부'가 미비된 경우 제3호: 관할권 없는 행정청에 의한 경우 제4호: 사실상 실행이 불가능한 경우 제5호: 형법상 죄가 될 수 있는 행위를 요구하는 경우 제6호: 선량한 풍속에 위배되는 경우 2. 상대적 무효(제44조 제1항) '명백'하고 특별히 '중대'한 하자가 있는 경우

3. 무효와 취소의 구별 실익

(1) 행정행위의 효력발생

무효인 행정행위는 처음부터 행정행위로서의 아무런 효력이 발생되지 않는다. 이에 반해 취소할 수 있는 행정행위는 권한 있는 기관에 의해 취소될 때까지는 효력을 갖는다.

다시 말해, 취소할 수 있는 행정행위에는 행정행위의 공정력이 인정되지만, 무효인 행정행위는 공정력이 인정되지 않는다. 또한 취소할 수 있는 행정행위는 쟁송제기기간이 경과되면 불가쟁력이 발생하는 반면, 무효인 행정행위는 쟁송제기기간의 제한을 받지 않으므로 불가쟁력이 발생하지 않는다.

(2) 선결문제

일부 견해에 의하면 민사사건과 형사사건에 있어서, 행정행위의 위법성이 선결문제로 되는 경우에 있어서 관할법원은 무효인 행정행위의 경우에만 스스로 판단할 수 있고, 취소할 수 있는 행정행위의 경우에는 그 위법성을 심사할 수 없다고 본다. 그러나 취소할 수 있는 행정행위의 경우에도 그 효력을 부인하지 않는 한 민사법원과 형사법원은 그 위법성을 심사할 수 있다고 보는 것이 타당하며, 다수설의 입장이다.[27]

(3) 하자있는 행정행위의 치유

다수설에 의하면, 취소할 수 있는 행정행위는 요건의 사후보완을 통해 흠이 치유될 수 있으나, 무효인 행정행위는 흠의 치유(治癒)가 인정되지 않는다.

(4) 하자있는 행정행위의 전환

다수설에 의하면, 무효인 행정행위는 다른 행정행위로의 전환이 인정된다. 예컨대, 死者에 대한 조세부과를 상속인에게 한 행위로 본다. 이에 반해 취소할 수 있는 행정행위에도 전환이 인정된다는 견해도 있다.

(5) 하자의 승계

특정한 행정목적을 실현하기 위해 둘 이상의 행정행위가 연속적으로 행하여질 경우에, 선행행위의 흠이 후행행위에 승계되는 가의 문제는, 선행행위가 취소할 수 있는 행정행위일 경우에만 해당되고 무효인 행정행위와는 무관하다.

(6) 쟁송형태

취소할 수 있는 행정행위에 대해서는 취소심판 또는 취소소송의 형식으로

---

27) 정하중, 전게서, 262면; 박균성, 전게서, 85면.

취소를 구할 수 있다. 반면 무효인 행정행위에 대해서는 무효확인심판 또는 무효확인소송으로 다툴 수 있다. 다만 판례는, 무효인 행정행위에 대해서는 "무효선언을 구하는 의미에서의 취소소송"을 인정하고 있다. 이럴 경우에는 취소소송의 적법요건을 갖추어야 한다.

(7) 사정재결 · 사정판결

사정재결(事情裁決)[28]이나 사정판결(事情判決)[29]은 취소할 수 있는 행정행위에만 인정된다(다수설, 판례).

[표 9] 행정행위의 무효와 취소의 구별 실익

	무효인 행정행위	취소할 수 있는 행정행위
효력 발생	처음부터 효력 발생 않음	취소될 때까지는 효력인정
특히 공 정 력 · 불가쟁력	인정 ×	인정 ○
선결문제	선결문제로 확인가능	위법성판단은 가능 효력부인은 불가능
하자의 치유	인정 ×	인정 ○
하자의 전환	인정 ○	인정 ×(이설 있음)
하자의 승계	인정 (동일 · 별개의 법적효과 불문)	동일한 법률효과: 인정 별개의 법률효과: 부정
쟁송 제기기간	제소기간 제한 없음 (단, 무효선언구하는 의미의 취소소송은 제한 있음)	제소기간 제한 있음
필요적 행정심판전치	적용 ×	적용 ○
사정재결, 사정판결	인정 ×	인정 ○

28) 행정심판법 제44조(사정재결) ① 위원회는 심판청구가 이유가 있다고 인정하는 경우에도 이를 인용(認容)하는 것이 공공복리에 크게 위배된다고 인정하면 그 심판청구를 기각하는 재결을 할 수 있다. 이 경우 위원회는 재결의 주문(主文)에서 그 처분 또는 부작위가 위법하거나 부당하다는 것을 구체적으로 밝혀야 한다.

29) 행정소송법 제28조(사정판결) ① 원고의 청구가 이유있다고 인정하는 경우에도 처분 등을 취소하는 것이 현저히 공공복리에 적합하지 아니하다고 인정하는 때에는 법원은 원고의 청구를 기각할 수 있다. 이 경우 법원은 그 판결의 주문에서 그 처분 등이 위법함을 명시하여야 한다.

【事例演習】: 대구광역시장 A는 환경개선비용부담법 제9조 제1항의 규정에 의한 환경개선부담금징수권한을 같은 법 제22조 및 같은 법 시행령 제28조 제1항 제1호에 의해 환경부장관으로부터 위임을 받았다. 그런데 A는 이 권한을 직접 행사하지 않고 재위임에 관하여 법에 아무런 규정이 없기 때문에 행정권한을 시의 **'조례'** 에 의하여 구청장 B에게 **재위임** 하였다. 그리고 B구청장은 이에 의거하여 甲에 대하여 환경개선부담금을 부과하였다.

이에 대하여 甲은 무효확인소송을 제기하였다. 갑의 권리구제가능성을 논하시오.

〈환경개선비용부담법〉

제9조 (환경개선부담금의 부과 · 징수)

① 환경부장관은 환경오염물질을 다량으로 배출하여 환경오염의 직접적인 원인이 되는 건물이나 그 밖의 시설물의 소유자 또는 점유자와 경유를 연료로 사용하는 자동차의 소유자로부터 환경개선부담금을 부과 · 징수한다.

제22조 (권한의 위임)

이 법에 따른 환경부장관의 권한은 대통령령으로 정하는 바에 따라 그 일부를 시 · 도지사에게 위임할 수 있다.

〈환경개선비용부담법시행령〉

제28조 (권한의 위임)

① 환경부장관은 법 제22조에 따라 다음 각 호의 권한을 시 · 도지사에게 위임한다.

〈정부조직법〉

제6조 (권한의 위임 또는 위탁): ① 행정기관은 법령이 정하는 바에 의하여 그 소관사무의 일부를 보조기관 또는 하급행정기관에 위임하거나 다른 행정기관 · 지방자치단체 또는 그 기관에 위탁 또는 위임할 수 있다. 이 경우 위임 또는 위탁을 받은 기관은 특히 필요한 때에는 법령이 정하는 바에 의하여 위임 또는 위탁을 받은 사무의 일부를 보조기관 또는 하급행정기관에 재위임할 수 있다.

〈행정권한의 위임 및 위탁에 관한 규정〉: ⟶ 대통령령 임

제4조 (재위임): 특별시장 · 광역시장 · 도지사 또는 시장 · 군수 · 구청장은 행정의 능률향상과 주민의 편의를 위하여 필요하다고 인정되는 때에는 수임사무의 일부를 그 <u>위임기관의 장의 승인을 얻어 **'규칙'** 이 정하는 바에 따라</u> 시장 · 군수 · 구

청장 또는 읍·면·동장 기타 소속기관의 장에게 다시 위임할 수 있다.

사례의 해설:

(1) 환경개선부담금부과사무는 '환경개선비용부담법' 제9조 제1항에 따라 환경부장관의 권한에 속하고, 제22조에 의하면 기관위임사무에 해당한다. 기관위임사무는 법률에 별도의 위임이 없는 한 **조례**의 규율대상이 되지 못하기 때문에 도의 조례는 위법·무효이다. 이에 따라 B시장의 환경개선부담금부과처분은 무권한행위로써 위법하다.

(2) 이 경우 당해 처분이 무효에 해당하는 지 취소사유에 해당하는 지의 논란이 있다. 이에 대해 판례는 위법한 조례에 의하여 위임된 사무권한으로서 발한 행정처분은 그 하자가 중대하기는 하나, 명백하지 않으므로 취소사유에 그친다고 본다(大判 1995.7.11, 94누4615전원합의체).

(3) 이에 따라 甲은 위 무효확인소송에서 소의 변경을 통해 처분의 취소를 구할 수 있다. 이 경우 제소기간 등 취소소송의 적법요건이 충족되어야 한다. 한편 甲의 의사가 행정처분의 무효뿐만 아니라 취소를 구하는 것으로 해석되는 경우에도 소의 변경이 없이 취소판결을 내릴 수가 있을 것이다(대판 1987.4.28, 86누887).

4. 행정행위의 무효사유와 취소사유의 구체적 구별기준

(1) 주체에 관한 하자

1) 무효사유

- 공무원이 아닌 자(공무원 결격자, 면직·임기 만료된 자)의 행위
- 공무원의 권한 외의 행위(예컨대, 경찰서장이 행한 과세처분)
- 적법하게 구성되지 않은 합의체 기관의 행위(예컨대, 의결정족수 미달, 결격자가 참여)
- 의사능력이 없는 자의 행위와 행위능력이 없는 자의 행위

2) 취소사유

- 사기・강박・착오에 의한 행위, 증・수뢰(贈・受賂)에 의한 행위 등
- 공무원이 그 권한을 초과하여 행한 행위[30]

□ **해임된 공무원이 해임의사표시가 도달하기 전에 한 행위는 무효인가?**

⇛ 공무원에 대한 해임행위는 그 의사표시가 도달함으로써 효력이 생기므로 그 의사표시가 도달되기까지는 그 공무원은 그 권한에 속하는 직무를 수행할 수 있다. 그러므로 무효가 아니다.

(2) 내용에 관한 하자

1) 무효사유

- 법률유보의 원칙을 위반하여 법적 근거 없이 행한 행위
- 내용이 실현이 불가능한 행정행위(例: 사자(死者)에 대한 의사면허, 사자에 대한 과세처분, 존재하지 않는 물건의 징발명령)
- 내용이 불명확한 행정행위(例: 목적물이 특정되지 않은 철거명령) 등

2) 취소사유

행정청이 법률에 근거하여 행정행위를 하였는데, 그 후 행정행위의 근거가 된 법률이 위헌결정을 받은 경우에 행정행위의 효력이 문제된다.

판례

<u>행정청이 법률에 근거하여 행정처분을 한 후에 헌법재판소가 그 법률을 위헌으로 결정하였다면</u> 그 행정처분(행정행위)는 결과적으로 법률의 근거가 없이 행해진 것과 마찬가지가 되어 하자있는 행정행위가 될 것이다. 하지만 일반적으로 법률이 헌법에 위반되는지 여부는 헌법재판소의 위헌결정이 있기 전에는 객관적

30) 국가공무원법상 5급 이상 공무원의 의원면직은 대통령의 권한이다. 국가정보원장이 행한 소속 직원인 5급 공무원의 면직처분은 취소사유에 해당한다(대법원 2007.7.26., 2005두15748).

으로 명백한 것이라고 할 수 없다. 따라서 특별한 사정이 없는 한 이러한 행정처분의 하자는 **취소사유**에 해당할 뿐 당연 무효사유는 아니라고 할 것이다(대판 2000.6.9. 2000다16329).

→ **예컨대, '택지소유상한에 관한 법률'에 기초하여 택지소유초과부담금 부과 및 체납처분이 있은 후, 동 법률이 위헌결정 된 경우**

(3) 절차에 관한 하자

1) 청문·이유부기 등을 결여하여 절차상 하자가 있는 행정행위의 효력에 관하여, 학설은 중대·명백설에 따라 하자의 정도가 중대·명백한 경우에는 '무효' 사유가 되고 그러한 정도에 이르지 않은 경우에는 '취소' 사유가 된다고 본다.

2) 판례는 행정행위가 '청문(聽聞)'·'이유부기(理由附記)' 등의 절차를 흠결한 경우에 취소사유에 해당한다고 보는 듯하다.

판례

한약업사허가취소처분을 함에 있어서 약사법 제69조의 2에서 규정한 청문절차를 거치지 아니하였다 하더라고 그 위법은 처분의 무효를 가져 오는 중대하고 명백한 것이라고 할 수 없다(대판 1986.10.28, 86누106).

사 례 처분시 이유부기가 흠결된 경우의 하자

외국인 A는 문서로 작성된 추방처분 통지서를 수령하였다. 이 통지서에는 추방처분에 대한 아무런 '이유'가 명시되어 있지 않다. 이 추방처분 형식은 적합한가?

(1) 앞에서 언급한바와 같이 우리의 경우 행정행위는 원칙적으로 문서로 이루어져야 하는 반면, 독일은 형식자유의 원칙이 적용된다.[31]

(2) 우리나라 행정절차법 제23조(독일은 행정절차법 제39조 제1항)에 의하면 본적으로 '처분의 이유제시'를 필요로 한다. 이로써 당사자는 그 처분의 내용과 이유에 대해 보다 자세히 알게 될 것이고, 처분의 타당성 여부를 스스로 심사할 수 있게 될 것이다. 여하간 이와 같은 처분의 이유제시를 해야 할 형식이 요구된다면 이는 준수되어야 하고, 그렇지 않고 발령된 행정행위는 형식적으로 위법하다.

→ 독일의 경우 외국인체류법 제77조 제1항 제1문에 의하면 추방처분은 문서에 의하게 되어 있다. 사례에 있어서 이 요건은 충족되었다. 하지만 행정절차법에 의하면 처분의 이유제시가 필요한데 이는 흠결되어 있다. 그러므로 본 추방처분은 형식적으로 하자가 있다.

사 례 처분시 청문이 흠결된 경우에 있어서 청문의 사후 추완 가능성

경산시장은 A의 식당영업을 사전에 '청문'을 거치지 아니하고 취소(철회)하였다. 이제 경산시장은 이 행정행위가 위법한지 우려하고 있는바, 청문이 사후적으로 이루어질 수 있는지 궁금하다. 이에 대한 판단은?

(1) 행정행위에 '형식적 하자'가 있으면 이러한 행정행위는 **'원칙적으로'** **'위법**(Rechtswidrigkeit)'이 된다. 하지만 모든 형식적 하자가 반드시 위법이되는 것은 아니다. 즉 일정한 절차상·형식상 하자는 독일 행정절차법 제45조에 의하면 치유(Heilung)될 수 있다. 만일 흠결된 하자있는 행위가 사후에 추완 된다면 절차적·형식적 하자는 치유된다. 그때까지 위법한 행정행위는 이제 적법하게 되는 것이다.

(2) 실무상으로 특히 문제가 되는 것은 하자있는 '청문'의 추완가능성이다. 이와 관련하여 독일의 경우 행정절차법 제45조 제2항에 따르면 최종 사실심(letzte

31) 그럼에도 부분적으로 행정행위의 발령에 특정의 형식을 강제적으로 요구하는 규정들이 존재한다. 예컨대 연방공무원법 제6조에 의하면 공무원임명은 단지 특정 내용이 담겨있는 증서의 교부로써만 이루어지게 되어 있다.

Tatsacheninstanz)의 종결시까지 보완될 수 있다. 그러므로 만일 당사자가 행정행위에 대해 다툰다면, 행정청은 소송절차가 진행되는 도중에 미비된 청문을 추완 할 수 있다.

그러나 우리나라의 판례는 하자의 치유, 즉 추완이나 보완은 행정쟁송의 제기 이전까지만 가능하다는 입장이다.

→ 사례에서 행정청인 경산시장은 행정행위의 발령이후에도 A에게 의견표시에 대한 기회를 부여할 수가 있다. 그럴 경우 그때까지 존재하던 식당영업허가 철회의 위법성은 치유되게 된다(행정행위의 하자의 치유에 대해서는 아래의 Ⅳ. 참조).

(4) 형식에 관한 하자

1) 무효사유

법령상 서면으로 하도록 되어 있는 행위를 서면으로 하지 않은 경우는 무효이다

예컨대, ① 행정심판의 재결을 서면으로 하지 않은 경우(「행정심판법」 제46조 제1항: 재결은 서면으로 한다)

② 납세의 독촉을 독촉장에 의하지 않은 경우

③ 법령에서 행정기관의 서명·날인을 요구하고 있음에도 이를 결여한 행위

2) 취소사유

기타 경미한 형식을 위반한 행위

[표 10] 행정행위(VA)의 무효·취소사유

VA의 無效사유	주체	·공무원이 아닌 자의 행위 ·공무원의 자신의 직책과 전혀 무관한 권한 외의 행위 ·대리권 없는 자 또는 권한의 위임을 받지 않은 자의 행위 ·적법하게 구성되지 않은 합의체 기관의 행위 ·의사능력이 없는 자의 행위(심신상실 중의 행위)
	내용	·내용이 실현불능인 행위(死者에 대한 행정행위, 존재하지 않는 물건의 징발) ·내용이 불명확한 행위

VA의 無效사유	절차	· 필요한 타행정기관의 협력을 받지 않고 인가를 한 경우(예컨대, 교육위원회의 의결 없이 한 유치원설립인가). → 미 협력의 하자에 대하여는 사후추인에 의한 치유도 가능할 것이다. 즉 판례는 일반적으로 절차상 하자는 취소사유로 봄
	형식	· 서면으로 하지 않은 행정심판의 재결 · 법령에서 요구하고 있는 서명 · 날인을 결여한 행위
VA의 取消사유	주체	· 사기 · 강박 · 착오에 의한 행위 · 증 · 수뢰에 의한 행위
	내용	· 내용이 단순 위법인 경우
	절차	· 행정의 능률이나 참고 등을 위한 편의적 절차의 위반 · 법이 정하고 있는 청문 · 이유부기를 거치지 않은 경우(판례)
	형식	· 경미한 형식을 결한 행위

IV. 하자있는 행정행위의 치유와 전환

1. 개설

법치주의(法治主義)에 따르면 위법한 행정행위는 당연히 무효이거나 취소되어야 하지만, 상대방의 신뢰보호, 법적안정성 등을 위해서는 비록 하자(흠)있는 행정행위라 할지라도 그 효력을 유지시킬 필요가 있다.

따라서 성립 당시에는 그 행정행위에 하자가 있었다 할지라도 일정한 상황하에서 그 효력을 유지시키려는 법리가 등장하였다. 이것이 이른바 '하자의 치유'와 '하자있는 행정행위의 전환'의 법리이다.

2. 하자있는 행정행위의 치유

(1) 의의

하자있는 행정행위의 치유(治癒)란 성립 당시에 흠이 있는 행정행위가 사후에 그 흠이 보완되었거나 또는 그 흠이 취소를 요하지 않을 정도로 경미해진 경우에, 그의 성립 당시의 흠에도 불구하고 적법한 것으로서 다루어짐을 말한다.

주로 형식・절차상의 하자가 처분 후에 보완된 경우가 이에 해당한다.

(2) 치유사유

1) 일반적으로 하자의 치유사유로써 요건이 사후 보완된 경우를 들 수 있다. (例: 필요한 신청서의 사후제출・보완/ 계고시 철거부분이 명시되지 않았으나 대집행영장에서 명기하는 경우와 같이 불특정목적물의 사후특정/ 청문절차의 사후이행/ 다른 기관 또는 상대방의 협력이 결여된 경우의 사후 추인)

2) 이외에도 하자의 치유사유로써, i) 흠 있는 행정행위의 장기간 방치로 인한 법률관계의 확정, ii) 취소할 수 없는 공익상의 요구의 발생이 언급되고 있다. 그러나 i), ii)는 엄밀히 말해 행정행위의 취소의 제한 사유로 보는 것이 타당할 듯하다.

(3) 치유의 인정범위

하자의 치유는 '취소할 수 있는 행정행위'에만 인정되고, '무효인 행정행위'에는 인정되지 않는다. 왜냐하면 무효인 행정행위는 흠이 중대하고 명백한 경우이므로 그러한 행위에 치유를 인정한다면 오히려 관계인의 신뢰 및 법률생활의 안정을 해칠 우려가 있기 때문이다.

판례 1

> 과세처분 시에 납세고지서에 과세표준, 세액의 계산명세 등이 누락된 경우, 즉 과세처분 시 세액의 산출근거 등이 누락된 경우에는 늦어도 과세처분에 대한 불복여부의 결정 및 불복신청에 편의를 줄 수 있는 상당한 기간 내에 보정행위를 하여야 그 하자가 치유될 수 있다[32](대판 1985.1.22, 84누333).

판례 2

행정청이 청문절차를 이행함에 있어 법에서 정한 청문서 도달기간을 다소 어겼다 하더라도, 상대방이 이에 대하여 이의를 제기하지 않은 채 스스로 청문 일에 출석하여 그 의견을 진술하고 변명하는 등 방어의 기회를 충분히 가졌다면 청문서 도달기간을 준수하지 아니한 하자는 치유되었다고 보는 것이 옳다(대판 1992.10.23, 92누2844).

3. 하자있는 행정행위의 전환

(1) 의의

하자있는 행정행위의 전환(轉換)이란 하자 있는 행정행위를 하자 없는 다른 행정행위로서의 효력을 발생케 하는 것을 말한다(例: 死者에 대한 과세처분을 상속인에 대한 것으로 인정하는 것).

즉 행정행위가 원래의 행정행위로서는 위법한 것으로서 취소될 수 있거나 무효인 행위이지만, 이를 다른 행정행위로 볼 경우 그 요건이 충족된다면 이러한 다른 행정행위로 보아 유효한 행위로 취급하는 것을 말한다.

판례 서울 남산세무서장이 사망자에게 한 부동산 불하처분취소의 효력을 그의 상속인에게 인정한 사건

서울 남산세무서장은 본건 부동산을 불하받은 이경주에게 그 불하처분을 취소하는 처분을 송달하였다. 하지만 이경주가 사망하였다는 사실을 발견하고 이를 그 상속인들에게 그대로 송달하였다. 그렇다면 이는 이경주의 상속인들에게 그 불하처분을 취소한다는 새로운 행정처분을 한 것이라고 볼 수 있다(대판 1969. 1.21. 68누190).

---

32) 앞에서 언급한 바와 같이 독일은 행정절차법에서 행정소송 종결시까지 하자의 치유를 허용하는 규정을 두고 있으나, 우리는 그러한 명문규정을 두고 있지 않으며 판례는 행정쟁송제기전까지 가능하다는 입장이다.

(2) 전환의 요건

① 하자있는 원래의 행정행위와 전환되는 행정행위가 서로 실질적인 공통성이 있을 것

② 원래의 행정행위가 전환될 행정행위의 성립·효력요건을 갖추고 있을 것

③ 전환이 처분청의 의도에 반하지 않을 것

④ 당사자에게 원래의 행정행위보다 불이익을 부과하는 것이 아닐 것

⑤ 3자의 권익을 침해하지 않을 것

(3) 전환의 인정범위

전술한 바와 같이 판례를 비롯한 우리나라의 일반적인 입장은 '무효인 행정행위' 에 대해서만 타 행위로의 전환을 인정하고 있다. 그러나 최근 독일 행정절차법의 예에 따라서, '취소할 수 있는 행정행위' 의 경우에도 전환을 인정하자는 견해가 유력하게 등장하고 있다.

V. 행정행위의 하자의 승계

1. 의의

(1) 하자의 승계란 둘 이상의 행정행위가 일련의 절차에 따라 연속적으로 행해지는 경우에 후행행위에 하자가 없더라도 선행행위에 하자가 있다면, 그 선행행위의 하자가 후행행위에 승계되는지의 문제를 말한다.

(2) 즉 하자승계론은 선행행위에는 취소사유가 있으나 불가쟁력이 발생하여 다툴 수 없고, 후행행위에는 고유한 위법사유가 없어 다툴 수 없는 경우, 선행행위의 위법을 이유로 후행행위의 위법을 주장할 수 있는지의 문제라 할 수 있다.

(3) 행정상 법률관계의 조속한 확정을 통해 법적 안정성이 확보되어야 하고 또 행정작용의 능률을 담보하기 위해, 행정행위 상호간에 하자의 승계가 인정

되지 않는 것이 원칙이다. 그러나 행정행위가 연속적으로 이루어지는 경우 당사자의 권리보호와 실질적 정의의 관점에서 예외적으로 하자의 승계가 인정될 수 있을 것이다.

2. 하자승계 논의의 요건

① 선행행위와 후행행위가 모두 항고소송의 대상인 행정처분일 것. ② 선행행위에 하자가 존재하지만 후행행위에는 하자가 존재하지 않을 것(후행행위는 적법할 것). 왜냐하면 후행행위에 하자가 있다면 이를 근거로 후행행위를 다투면 되기 때문에 하자의 승계를 논할 실익이 없다. ③ 선행행위에 무효가 아닌 취소사유인 하자가 존재할 것. 왜냐하면 선행행위가 무효인 경우에는 당사자는 선행행위의 무효를 언제든지 주장할 수 있기 때문이다. ④ 선행행위를 제소기간 내에 다투지 않아 불가쟁력이 발생하였을 것. 왜냐하면 선행행위에 대한 취소기간이 경과하지 않은 경우에는 선행행위를 다투어 권리구제를 받을 수 있기 때문이다.

3. 하자의 승계여부

다수설과 판례에 따르면, 선행행위와 후행행위가 서로 결합하여 하나의 법적 효과를 완성하는 경우에는 위법성이 승계되어 선행행위가 위법하면 후행행위도 위법한 반면, 양자가 서로 독립하여 별개의 효과를 목적으로 하는 경우에는 선행행위가 무효가 아닌 한 그 위법성은 후행행위에 승계되지 않는다.[33]

---

33) 그러나 다수설과 판례가 일련의 절차에 따라서 연속적으로 행해지는 두 개의 행정행위 간에 흠의 승계여부를, 서로 결합하여 하나의 법률효과를 발생시키는지 여부에 의존시킨다는 것은 편의적인 사고방식에서 나오는 논리라고 볼 수밖에 없다. 예컨대 건물철거명령과 대집행의 계고처분은 서로 별개의 목적을 추구한다는 이유로 흠의 승계를 부인하지만, 철거의무를 부과하는 철거명령이나 이의 실효성을 확보하는 대집행절차의 계고처분은 위법건축물의 제거라는 동일한 목적을 실현하는 것이라 볼 수도 있는 것이다. 정하중, 전게서, 276면.

(1) 선행행위와 후행행위가 결합하여 동일한 법적효과를 목적으로 하는 경우: 하자의 승계 인정

선행 행정행위와 후행 행정행위가 결합하여 하나의 효과를 완성하는 경우에는 선행행위의 흠이 후행행위에 승계되어, 선행처분의 위법을 이유로 후행처분의 위법을 다툴 수 있다.

이와 관련하여 판례상 하자의 승계가 인정된 예: i) 행정대집행에서의 계고·대집행영장의 통지·대집행실행·비용납부명령의 각 행위사이, ii) 조세체납처분에서의 독촉·압류·매각·청산의 각 행위사이, iii) 안경사시험합격취소처분과 안경사면허취소처분

(2) 선행행위와 후행행위가 독립하여 별개의 법적효과를 목적으로 하는 경우

1) 원칙: 하자의 승계 부정

선행행정행위와 후행행정행위가 서로 독립하여 별개의 효과를 발생시키는 경우에는 선행처분이 당연무효가 아닌 한 그 흠은 후행처분에 승계되지 않는다.

이와 관련하여 판례상 하자의 승계가 부인된 예: i) 건물철거명령(의무자의 자발적 이행이 목적)과 대집행계고처분(의무의 강제적 실현이 목적), ii) 과세처분과 체납처분, iii) 공무원의 직위해제처분과 면직처분,[34] iv) 표준공시지가결정과 과세처분, v) 표준공시지가결정과 개별공시지가결정

2) 예외: 수인가능성과 예측가능성이 없는 경우 → 하자의 승계 인정

판례는 선행행위와 후행행위가 별개의 법적 효과를 목적으로 하는 경우에도 수인가능성과 예측가능성의 관점에서 하자의 승계를 인정하기도 한다. 즉 선행행위의 불가쟁력 등으로 인해 불이익을 얻게 되는 자에게 수인한도를 넘는 가혹한 결과를 가져오고, 이것이 당사자에게 예측 가능한 것이 아닌 경우에는 선

---

34) 「구 경찰공무원법 제50조 제1항에 의한 직위해제처분과 같은 조 제3항에 의한 면직처분은 후자가 전자의 처분을 전제로 한 것이기는 하나 각각 단계적으로 별개의 법률효과를 발생하는 행정처분이어서 선행직위 해제처분의 위법사유가 면직처분에는 승계되지 아니한다 할 것이므로 선행된 직위해제 처분의 위법사유를 들어 면직처분의 효력을 다툴 수는 없다(대판 1984.9.11, 84누191)」.

행처분의 위법을 주장할 수 있다는 것이다. 이와 관련하여 하자의 승계가 인정된 예 : i) 개별공시지가결정과 과세처분,[35] ii) '일제강점하 반민족행위 진상규명에 관한 특별법에 따른 친일반민족행위자 결정' 과 '독립유공자 예우에 관한 법률에 의한 법적용 배제결정' .

(3) 선행행위가 당연무효인 경우

선행처분이 무효인 때에는 이를 전제로 이루어지는 후행처분은 위법한 처분이므로 그 흠은 당연히 후행행위에 승계된다. 즉 선행처분의 하자가 무효인 때에는 법적효과가 동일한지 별개인지를 불문하고 선행처분의 하자를 이유로 후행처분의 효력을 다툴 수 있다(대판 2009.4.23, 2007두13159).

35) 「개별공시지가결정은 이를 기초로 한 과세처분 등과는 별개의 독립된 처분으로서 서로 독립하여 별개의 법률효과를 목적으로 하는 것이나, 개별공시지가는 이를 토지소유자나 이해관계인에게 개별적으로 고지하도록 되어 있는 것이 아니어서 토지소유자 등이 개별공시지가결정 내용을 알고 있었다고 전제하기도 곤란할 뿐만 아니라 결정된 개별공시지가가 자신에게 유리하게 작용될 것인지 또는 불이익하게 작용될 것인지 여부를 쉽사리 예견할 수 있는 것도 아니므로, (...) 위법한 개별공시지가결정에 대하여 그 정해진 시정절차를 통하여 시정하도록 요구하지 아니하였다는 이유로 위법한 개별공시지가를 기초로 한 과세처분 등 후행 행정처분에서 개별공시지가결정의 위법을 주장할 수 없도록 하는 것은 수인한도를 넘는 불이익을 강요하는 것으로서, (...) 개별공시지가결정에 위법이 있는 경우에는 그 자체를 행정소송의 대상이 되는 행정처분으로 보아 그 위법 여부를 다툴 수 있음은 물론 이를 기초로 한 과세처분 등 행정처분의 취소를 구하는 행정소송에서도 선행처분인 개별공시지가결정의 위법을 독립된 위법사유로 주장할 수 있다고 해석함이 타당하다(대판 1994.1.25, 93누8542)」.

§ 11 행정행위의 취소와 철회

Ⅰ. 개설

일단 유효하게 성립한 행정행위의 효력을 상실(폐지)시키는 것으로 행정행위의 취소(取消)와 철회(撤回)가 있다.

행정행위의 취소는 '위법' 한 행정행위의 효력을 소멸시키는 것을 말하고, 행정행위의 철회는 '적법' 한 행정행위를 사정변경에 따라 장래에 향하여 효력을 소멸시키는 것을 말한다.

행정행위의 취소에는 쟁송취소(爭訟取消)와 직권취소(職權取消)가 있다. 쟁송취소는 행정쟁송절차를 거쳐 행하는 취소이다(例: ① 행정심판에 의한 취소, ② 법원의 판결에 의한 취소). 쟁송취소는 행정구제법편의 행정쟁송법의 문제이므로, 이하에서는 행정행위의 직권취소를 고찰하기로 한다.

[표 11] 행정행위(VA)의 폐지(효력을 소멸시킴)(Aufhebung)

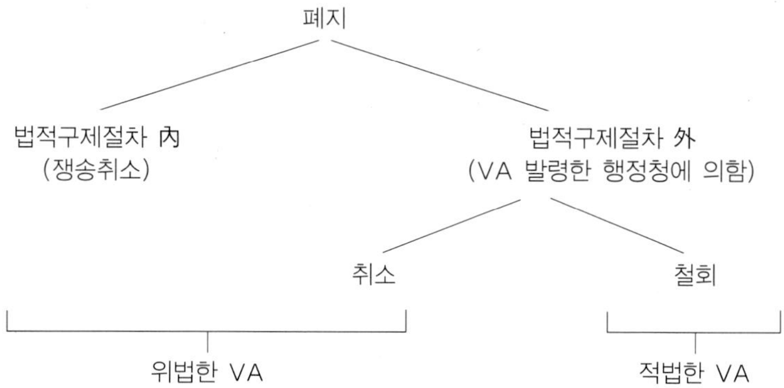

Ⅱ. 행정행위의 취소

1. 취소의 개념

행정행위의 취소는, 광의(廣義)로는 하자있는 행정행위의 효력을 상실시키는 것을 말하며, **'직권취소'** 뿐만 아니라 **'쟁송취소'** 도 포함하는 개념이다.

협의(狹義)로는 유효하게 성립한 행정행위에 단순한 하자(흠)를 이유로 권한있는 행정기관이 그 효력을 소급하여 상실시키기 위하여 직권으로 행하는 독립된 행정행위, 즉 **'직권취소'** 만을 일컫는다.

2. 직권취소와 쟁송취소의 구별

직권취소와 쟁송취소는 모두 하자있는 행정행위의 효력을 상실시킨다는 점에서 공통점을 갖지만, 취소권자, 취소의 목적・사유・절차・형식・대상・내용・효과 등에서 차이가 있다. 이하에서 살펴본다.

(1) 취소권자

직권취소는 '처분행정청' 또는 법령에 근거가 있는 경우에 '감독청(상급행정청)' 이 행한다. 법령에 근거규정이 없는 경우에도 감독청이 자신의 감독권의 당연한 내용으로 취소・정지권을 행사할 수 있는지에 대하여는 다툼이 있다.

쟁송취소는 권익침해를 받은 처분의 상대방 또는 제3자가 청구를 하면, ① 행정심판의 경우에는 행정심판위원회에 의해, ② 행정소송의 경우에는 법원에 의해 행해진다.

(2) 취소의 목적

직권취소는 행정의 적법성의 회복이 주목적이며 또한 취소행위도 하나의 행정행위로써 장래에 향하여 행정목적을 적극적으로 실현하기 위하여 행해진다.

쟁송취소는 행정의 적법성 회복을 목적으로 함과 동시에 위법한 행정행위로 인하여 권익침해를 받은 국민의 권익구제에도 중점이 있다. 쟁송취소는 권익을 침해당한 자의 쟁송의 제기에 의해 심판기관이 쟁송절차를 거쳐 행정행위의 효력을 상실시키는 행위인 것이다.

(3) 취소사유

직권취소에 있어서는 '위법' 뿐만 아니라 '부당' 도 취소사유가 된다.

쟁송취소에 있어서는, ① 행정심판을 통한 취소에는 '위법' 과 '부당' 모두 취소사유가 되지만, ② 취소소송을 통한 취소의 경우에는 '위법' 만이 취소사유가 된다.

(4) 취소절차

직권취소는 특별한 규정이 없으면 일반 행정행위와 마찬가지로 특별한 절차를 필요로 하지 않으나 「행정절차법」에 일부 규정을 두고 있다.

쟁송취소는 「행정심판법」, 「행정소송법」이 정한 절차에 따라 이루어진다.

(5) 취소의 형식

직권취소에 있어서는 특별한 형식을 요하지 않는다. 쟁송취소는 재결(裁決) 또는 판결(判決)의 형식에 의한다.

(6) 취소의 대상

직권취소의 대상은 모든 행정행위이다. 즉, 부담적 행정행위, 수익적 행정행위 및 제3자효 행정행위 모두 직권취소의 대상이 된다. 쟁송취소에 있어서는 부담적 행정행위와 제3자효 행정행위가 취소의 대상이 된다. 수익적 행정행위는 소의 이익이 없으므로 쟁송취소의 대상이 되지 않는다. 한편, 불가변력이 발생한 행정행위에 대하여는 쟁송취소만이 가능하다.

(7) 취소의 내용(범위)

직권취소는 처분에 대해 '적극적 변경' 을 내용으로 할 수 있다(例 : 허가취소처분을 영업정지처분으로 변경).

쟁송취소에 있어서는 행정심판이냐 행정소송이냐에 따라 다르다. ① 행정심판에 의한 취소의 경우 '적극적 변경'이 가능하지만, ② 행정소송에 의한 취소의 경우 원칙적으로 일부취소의 의미에서 '소극적 변경'만 가능하다.

(8) 취소의 효과(소급효 유무)

직권취소는 그 대상이 ① 부담적 행정행위인 경우에는 소급효가 인정되지만, ② 수익적 행정행위인 경우에는 상대방에게 책임이 있는 경우 이외에는 취소의 효과가 소급하지 않는 것이 원칙이다. 직권취소는 적법성 이외에 구체적 이해관계도 고려되어야 하기 때문이다.

쟁송취소는 과거의 사태에 대한 적법성 확보에 그 목적이 있으므로 원칙적으로 소급효를 가진다.

[표 12] 직권취소와 쟁송취소의 구별

	직권취소	쟁송취소
취소권자	행정청(처분청 또는 감독청)	행정심판위원회 또는 법원
취소목적	행정작용의 적법상태로의 회복	국민의 권익구제 + 행정작용의 위법성 시정
취소사유	위법·부당한 경우	위법한 경우(행정소송), 위법·부당한 경우(행정심판)
취소절차	·개별법 또는 행정절차법에 따른 절차 ·행정청의 직권에 의해 개시됨	·행정심판법·행정소송법에 따른 절차 ·당사자의 쟁송제기로 개시됨
취소형식	제한 없음	재결·판결 등의 형식상의 제한이 따름
취소대상	수익적 or 부담적 VA	주로 부담적 or 복효적 VA(제3자효 있는 VA)에 문제됨
취소권 행사의 제한	조리·법의 일반원칙 상의 제한이 따름	특별한 제한을 받지 않음
취소내용	적극적 변경가능	·행정심판: 적극적 변경가능 ·행정소송: 원칙적으로 소극적 변경(일부취소)만 가능

취소기간	원칙적으로 기간의 제한 없음(단, 실권의 법리 적용가능)36)	쟁송기간의 제한 있음(행정심판법 제18조, 행정소송법 제20조)
취소효과	· 부담적 VA의 취소 - 원칙적으로 소급효 있음 · 수익적 VA의 취소 - 원칙적으로 소급효 없음(단, 귀책사유 있으면 소급효 있음)	원칙적으로 소급효 있음

Ⅲ. 행정행위의 철회

1. 철회의 의의

행정행위의 철회(撤回)라 함은 아무런 흠 없이 적법하게 성립된 행정행위의 효력을, 그 성립 후에 발생된 새로운 사유, 예컨대 근거법령의 변경 또는 사실관계의 변경 등으로 인하여 장래에 향하여 그 효력을 상실시키는 행정행위를 말한다.

'철회' 는 그 대상이 적법한 행정행위라는 점에서, 그 대상이 위법한 행정행위인 '취소' 와 구별된다.

그러나 실정법상으로는 철회라는 용어를 사용하는 경우는 많지 않고 철회에 해당하는 경우도 취소라는 용어를 사용하는 경우가 많다.

---

36) 실권(失權)의 법리란 행정청에게 취소권 또는 철회권 등의 권리행사의 기회가 있었음에도 불구하고 장기간에 걸쳐 그의 권리를 행사하지 않았기 때문에 상대방인 국민이 그 권리를 행사하지 아니할 것으로 신뢰할 만한 정당한 사유가 있게 되는 경우에는 그 권리를 행사할 수 없는 법리를 말한다. 실권의 법리의 근거를 신뢰보호원칙의 파생법리로 보는 견해도 있지만 판례는 신의성실의 원칙의 파생법리로 본다. 「일반적으로 권리의 행사는 신의에 좇아 성실히 하여야 하고 권리는 남용하지 못하는 것이므로 권리자가 실제로 권리를 행사할 수 있는 기회가 있었음에도 불구하고 상당한 기간이 경과하도록 권리를 행사하지 아니하여 의무자인 상대방으로서도 이제는 권리자가 권리를 행사하지 아니할 것으로 신뢰할 만한 정당한 기대를 가지게 된 다음에 새삼스럽게 그 권리를 행사하는 것이 법질서 전체를 지배하는 신의성실의 원칙에 위반하는 것으로 인정되는 결과가 될 때에는 이른바 실효의 원칙에 따라 그 권리의 행사가 허용되지 않는다고 보아야 할 것이다(대판 2005.10.28, 2005다45827)」.

2. 취소와 철회의 공통점과 차이점

(1) 공통점

종래에는 철회와 취소를 엄격히 구분하였지만, 오늘날에는 일반적으로 '철회'와 협의의 취소인 '직권취소'는 그 구별이 명확하지 않다고 본다.

즉, 철회와 취소는 ① 실정법상 용어가 동일하게 사용되고, ② 취소사유나 철회사유가 있더라도 이익형량에 따라 취소·철회가 자유롭지 못하다는 점에서 유사하다.

(2) 차이점

철회는 특히 직권취소와 비교하여, ① 철회는 원래의 행정행위와 동일한 성질의 새로운 행정행위를 하는 것이므로 처분청만이 할 수 있고, ② 철회사유가 행정행위 성립 후 발생한 사정, 즉 원시적(原始的) 하자가 아닌 후발적(後發的) 하자에 의하여, ③ 장래에 향해서만 효력을 발생한다는 점에서 차이 있다.

[표 13] 직권취소와 철회의 차이

	직권취소	철회
발생사유	원시적 하자	후발적 하자
주체	- 처분청 - 감독청(학설대립)	- 처분청 - 법률에 근거가 없다면 감독청은 불가능
소급효	원칙적 소급효 ○ (예외적으로 장래효 인정)	원칙적 소급효 ×

3. 철회 사유

철회는 "철회의 대상이 되는 적법한 행정행위가 행해진 후 행정행위의 효력을 더 이상 존속시킬 수 없는 새로운 사정이 발생한 경우"에 행해질 수 있다.

행정행위의 철회사유는 각 법령에 규정되어 있는 것이 보통이다.

판례는 별도의 법적근거가 없는 경우에도 사정변경 또는 중대한 공익상의 필요에 의해 행정행위를 철회할 수 있다는 입장이다(대판 1995.5.26, 94누8266). 명문규정이 없는 경우에 있어서의 철회사유 중 중요한 것으로는 다음과 같다.

(1) 사정변경(事情變更)이 있는 경우

1) 사실적 상황의 변화

사실관계의 변화에 따라 행정행위가 철회되는 경우이다(例: 도로의 폐지에 따른 도로점용허가를 철회, 생활보호법상의 수혜자가 생활여건이 향상됨으로 인해 더 이상 수혜의 사유를 충족시키지 못함)

2) 근거 법령의 변화

법령의 개폐로 인하여 더 이상 원래의 행정행위를 존속시킬 수 없게 된 경우에는 철회권을 행사할 수 있다(例: 기업에 대한 보조금 지급의 근거법이 폐지되어 중단).

그러나 보통 근거법령의 개폐에 따라 행정행위의 요건이 변화했다고 해서 당연히 철회가 인정되는 것은 아니다. 원래의 행정행위를 철회하는 것이 공익에 합당한 경우에 가능하다고 할 것이다. 이러한 경우에 철회함에 있어서는 손실보상을 통해 당사자의 신뢰이익을 보호해 줄 필요가 있다.

(2) 철회권이 유보된 경우

행정행위를 하는 데 일정한 사유가 존재하는 경우에는 당해 행위를 철회하겠다는 뜻의 부관을 붙인 경우, 그 유보된 사실의 발생에 따라 철회권을 행사할 수 있다(例: 노래방영업허가하면서 인근주민의 민원이 발생할 경우 철회한다는 부관).

(3) 상대방의 유책행위(有責行爲)가 있는 경우

1) **법령위반**: 수익처분을 받은 자가 수익처분의 근거법령에서 정하는 의무를 위반한 경우(例: 음주운전으로 인한 면허취소, 식품위생법 위반으로 영업취소)

2) **부담의 불이행**: 부관으로 부과된 부담을 이행하지 않은 경우(예: 도로점용허가에 부과된 사용료납부 부담의 불이행을 이유로 허가를 취소)

(4) 기타 철회하여야 할 중요한 공익상(公益上)의 필요가 있는 경우

특정한 행정행위의 효력을 그대로 유지하게 된다면, 공익상 중대한 손실이 우려되는 경우에는 당해 행정행위의 철회를 인정해야 할 경우가 있을 것이다(例: 하천에 댐이 건설됨으로 인하여 기존의 하천점용허가를 철회).

§ 12 행정행위의 실효

Ⅰ. 의의

행정행위의 실효(失效)란 유효한 행정행위의 효력이 일정한 사실의 발생으로 장래에 향하여 소멸되는 것을 말한다. 행정청의 별도의 의사표시를 요하지 않는다.

일단 발생한 효력이 소멸되는 것인 점에서 무효(無效)나 부존재(不存在)와 다르고, 행정청의 의사에 의해서가 아니라 일정한 사실의 발생으로 효력이 소멸된다는 점에서 직권취소(職權取消) 및 철회(撤回)와 다르다.

Ⅱ. 실효사유

1. 대상의 소멸

행정행위의 대상이 소멸되면 행정행위는 실효된다.

例) 사람의 사망으로 인한 운전면허의 실효, 사업면허의 대상이 소멸됨으로 인해 사업면허의 실효, 건축허가를 받아 건축한 건물이 화재로 소멸하면 그 건축허가의 효과는 당연히 실효

> ▫ **청량음료제조업허가의 실효**: 신청에 의한 영업허가처분에서 그 영업을 자진폐업한 경우(대판 1981.7.14, 80누593)
> ▫ **전자오락실영업허가의 실효**: 대물적 영업허가에서 중요한 허가요건인 물적 시설이 모두 철거되어 허가받은 영업상의 기능을 더 이상 수행할 수 없게 된 경우(대판 1990.7.13, 90누2284)

2. 해제조건의 성취 또는 종기의 도래

'해제조건이 성취' 되거나 '종기가 도래' 하면 주된 행정행위는 당연히 효력을 상실한다.

3. 목적의 달성

행정행위의 목적이 달성되면 당해 행정행위는 당연히 실효된다.

例) 철거명령에 따라 대상물이 철거되면 당해 철거명령은 당연히 효력을 상실한다.

[표 14] 행정행위(VA)의 결여

- 소멸
  - 폐지
    - 취소
      - 직권취소(위법한 VA를 대상)
      - 쟁송취소(위법한 VA를 대상)
    - 철회(적법한 VA를 대상)
  - 실효(기한의 도래, 해제조건성취, VA대상인 사람의 사망·물건의 소멸 등)
- 무효(VA외형 ○, 효력 ×)·부존재(VA외형 자체가 ×)

§ 13 행정입법

Ⅰ. 의의

행정입법(行政立法)이란 행정기관(행정청)이 일반적(一般的)·추상적(抽象的) 규범을 정립하는 작용을 말한다. 여기서 '일반적'이라 함은 '불특정다수인'에게 적용된다는 것을 의미하며, '추상적'이라 함은 '불특정다수의 사안'에 적용된다는 것을 의미한다.

행정입법은 실정법상의 개념이 아니라 학문상의 개념이다. 행정입법에는 법규명령(法規命令)과 행정규칙(行政規則)이 있다.

Ⅱ. 행정입법의 필요성

(1) 본래 입법작용은 국민의 대표기관인 의회의 권한에 속하는 것으로서, 19세기까지만 해도 권력분립(權力分立)의 원칙을 근거로 해서 행정기관에 의한 입법은 허용되지 않는다고 보는 것이 지배적이었다.

(2) 그러나 현대복리국가에 있어서는 법률로 규율할 대상이 매우 복잡·다양하고 전문적인 지식을 요함으로 인하여 의회에 의한 입법의 한계를 드러내었다. 이에 행정에 관한 전문지식을 가지고 있는 행정기관에 의한 입법의 필요성이 요청되게 되었다.

즉 행정입법의 필요성으로는 ① 행정의 전문화·기술화, ② 지방별·분야별 특수사정의 고려의 필요성, ③ 사정의 변화에 따른 탄력성 있는 입법의 필요성, ④ 국가위기상황의 신속한 대처의 필요성 등을 들 수 있다.

Ⅲ. 행정입법의 종류

전술한 바와 같이 행정입법은 크게 법규명령과 행정규칙으로 나누는 것이 일반적이다.

- 행정입법
  - 법규명령
    - 법률대위명령(法律代位命令): [긴급명령, 긴급재정경제명령(例: 금융실명거래 및 비밀 보장에 관한 긴급재정 · 경제명령)]
    - 법률종속명령(法律從屬命令): [대통령령, 총리령, 부령, 대법원규칙, 헌법재판소규칙, 중앙선거관리위원회규칙 등]
  - 행정규칙[훈령(訓令) 등]

① **법률대위명령**: 법률대위명령이란 법률과 동등한 효력을 가지는 명령을 의미한다. 현행법상 국가비상시에 대통령이 발하는 긴급명령, 긴급재정경제명령이 이에 해당한다(헌법 제76조 제1항, 제2항).

② **법률종속명령**: 법률종속명령이란 법률보다 하위의 효력을 가지는 명령을 의미한다. 행정기관이 제정하는 명령은 위에서 설명한 국가비상시의 법률대위명령을 제외하고는 모두 이에 속한다.

i) **대통령령**: 대통령은 법률에서 구체적으로 범위를 정하여 위임받은 사항이나 법률을 시행하기 위하여 필요한 사항에 관하여 명령을 발할 수 있다(헌법 제75조). 일반적으로 법률의 '시행령'이 이에 속한다(例: 출입국관리법 시행령, 도로교통법 시행령)

ii) **총리령 · 부령**: 국무총리 또는 행정각부의 장은 상위법령의 위임 또는 직권에 의해 총리령 또는 부령을 발할 수 있다(헌법 제95조). 일반적으로 법률의 '시행규칙' 이 이에 속한다. 법률의 '시행규칙' 은 대부분 부령에 속하나(例: 건축법시행규칙은 국토해양부령, 식품위생법시행규칙은 보건복지부령), 경우에 따라서는 총리령인 경우도 있다(例: 국가유공자등예우 및 지원에 관한 법률시행규칙은 국가보훈처가 아닌 총리령).

1. 법규명령

(1) 법규명령이란 행정기관이 법률의 수권(授權)에 의해 정립한 법규범을 말하며, 원칙적으로 법규성(法規性)이 인정된다. 여기에서 '법규(法規)' 라 함은 국민에 대하여 구속력을 가지는 법규범, 즉 대외적 구속력을 가지는 법규범을 의미한다. 이러한 법규는 법관이 재판을 함에 있어서 판단의 근거로 삼아야 하는 재판규범이 된다.

(2) 이와 같은 법규명령은 국민의 권리・의무에 중요한 영향을 미치기 때문에 ① 법령의 근거가 있는 경우에만 제정될 수 있으며, ② 그 제정에 있어서 엄격한 절차와 형식이 요구되며, ③ 그 내용을 국민에게 알리는 것, 즉 공포(公布)를 요한다.

(3) 법규명령은 법규인 점에서 법규라고 볼 수 없는 행정규칙과 구별된다.

(4) 법규명령은 일반적・추상적인 규율인 점에서 구체적인 사항을 규율하는 행정행위와 구별된다.

자치법규(自治法規)도 행정입법(行政立法)의 성질을 가지는 것으로 볼 수 있다. 다만, 조례는 주민의 대표기관의 지위를 갖는 지방의회에 의해 제정되는 점에서 국민의 대표기관인 국회에 의해 제정되는 법률에 준하는 성격을 지니는 것으로 보아야 할 것이다.

2. 행정규칙

(1) 행정규칙은 상급행정기관이 하급행정기관에 대하여 법률의 수권 없이 그의 권한의 범위 내에서 발하는 명령을 말하며, 행정명령(行政命令)이라고도 한다. 행정규칙은 행정조직내부의 사항을 규율함을 목적으로 하며, 직접적으로 국민의 권리·의무에 관한 사항을 규율하고 있지 않은 점에 특징이 있다. 이러한 점에서 종래 행정규칙은 '법규성'을 가지지 않으며 '재판규범'이 되지 않는 것으로 인식되어 왔다.

ㅁ 행정규칙의 법규성 문제

(1) 전통적 견해에 의하면 행정규칙은 행정조직내부의 사항을 규율하는데 불과한 것이므로, 대외적으로 국민이나 법원에 대해 구속력을 갖지 않는다고 한다. 이러한 견해에 의하면 행정규칙은 재판규범이 되지 못한다. 따라서 행정청이 행정규칙을 준수하여 처분을 내린 경우에도 법원은 반드시 그 처분이 적법하다고 판단하여야 하는 것은 아니며, 반대로 행정청이 행정규칙에 위반하여 처분을 내린 경우에도 법원은 반드시 그 처분이 위법하다고 판단하여야 하는 것은 아니다. 우리나라의 판례는 이러한 입장에 서고 있다. 그러나 이러한 견해는 행정청이 행정규칙에 위반하여 처분을 내린 경우에도 국민은 권리구제를 받지 못할 수 있다는 점이 문제점으로 지적되고 있다.

(2) 최근에 행정규칙은 원칙적으로 행정조직 내부에서만 효력이 있을 뿐 대외적으로 국민이나 법원을 구속하는 것은 아니지만, 평등원칙·신뢰보호원칙 등 법의 일반원칙을 매개로 하여 간접적으로 외부적 효력을 갖는다는 견해가 나타나고 있다. 예컨대 행정규칙으로 행정청의 재량권행사의 기준을 정한 경우에 행정청은 이 기준에 따라 재량권을 행사할 구속을 내부적으로 받게 되므로 일정한 행정관행(行政慣行)이 성립하게 된다. 그러므로 만일 행정청이 행정규칙에 위반된 처분을 내린 경우에는 기존의 행정관행에 반하는 것이므로 평등원칙·신뢰보호원칙 등 법의 일반원칙에 위반되어 위법하게 된다는 것이다.

(2) 행정규칙은 협의(狹義)로는 행정조직 내부사항을 규율하는 것, 즉 상급 행정기관이 하급행정기관을 지휘감독하기 위해 발하는 명령만을 의미한다. 광의(廣義)로는 특별권력관계에서 특별권력의 주체가 그 구성원의 지위, 영조물의 이용관계 등을 규율하는 것도 여기에 포함시킨다(例: 국·공립학교 학칙, 학교·병원·도서관 등 공공의 영조물의 이용규칙, 교도소 내규 등).

Ⅳ. 법규명령과 행정규칙의 비교

1. 유사점

법규명령과 행정규칙은 ① 다 같이 일반적·추상적 성질을 갖는 규범으로서 행정의 기준이 되는 규범이라는 점, ② 행정기관은 이 둘을 모두 준수하여야 할 법적의무를 진다는 점에서 유사하다.

2. 차이점

법규명령과 행정규칙은 아래와 같은 점에서 차이가 있다.

(1) 법규성

법규명령은 행정주체와 국민간의 관계를 규율하는 법규범인 반면에 행정규칙은 행정조직내부에서 적용되기 위해 제정된 규범이다.

그리하여 법규명령은 국민과 행정기관 모두에 효력을 미치는 양면적(兩面的) 구속력을 갖는 반면에 행정규칙은 원칙상 행정기관만을 구속하는 일면적(一面的) 구속력만을 갖는다. 따라서 행정규칙은 법규가 아니라고 보는 것이 일반적 견해이다.

(2) 근거

법규명령에는 법률유보의 원칙이 적용된다. 따라서 법규명령의 제정에는 법적 근거가 필요하다.

이에 반해 행정규칙은 법규가 아니므로 행정규칙의 제정에는 법적근거가 필요하지 않다.

(3) 대외적 구속력

법규명령은 일반적으로 대외적 구속력을 갖는다. 따라서 법규명령에 반하는 행정권행사는 위법하다.

이에 반하여 행정규칙은 그 자체로서는 행정기관만을 구속하며 원칙상 대외적 구속력을 갖지 않는다. 따라서 행정권행사가 행정규칙을 위반한 경우에도, 해당 공무원이 내부적으로 징계책임을 지는 것은 별론으로 하고, 그 행정권행사가 외부적으로 당연히 위법한 것으로 판단되지는 않는다.

[표 15] 법규명령과 행정규칙의 차이점

	법규명령	행정규칙
법형식	대통령령, 총리령, 부령 등	고시, 훈령, 지침, 예규, 지시, 일일명령 등
규율내용	국민의 권리 · 의무에 관한 사항	기관의 조직사항, 재량행사의 지침
법적근거	법령의 수권(授權) 요함	법령의 수권 불요 ※ 수권이 있으면 법규성 있음(법령보충적 행정규칙)
제정절차	법제처의 사전심사 거침 대통령령은 국무회의 심의거침	특별한 절차를 요하지 않음
형식	조문의 형식	구두(口頭)에 의해서도 가능
공포	공포되어야 효력발생	공포를 요하지 않음
법규성 (재판규범성)	법규성 인정(재판규범성 인정)	법규성 불인정(다만, 평등원칙 등을 매개로 간접적으로 법규성이 인정되는 경우가 있음)

사 례

> 유흥음식점을 경영하는 A는 미성년자에게 술을 팔다가 1회 적발되었다. 이에 경산시장은 보건복지부장관 훈령에 1회 적발되면 1개월 이하의 영업정지처분을 내리라고 규정되어 있음에도 불구하고 2개월의 영업정지처분을 부과하였다. 다수설에 의하면?

→ 답 : 경산시장이 내린 처분은 평등의 원칙에 위반되므로 위법하다

전통적 견해에 의하면 행정규칙은 법규성(재판규범성)이 인정되지 않으므로 법원을 구속하지 않는다. 따라서 행정청이 행정규칙에 위반하여 처분을 내린 경우에 공무원이 징계책임을 지는 것은 별개의 문제로 하고 당해 처분이 당연히 위법하다고 할 수는 없게 된다.

이러한 견해에 의하면 국민의 권리구제에 문제가 있게 되기 때문에 이를 극복하기 위해 다음의 두 가지 견해가 대두되었다. 첫째로, 행정규칙의 법규성(재판규범성)을 직접적으로 인정하여, 법원은 위 처분이 훈령에 위반되었음을 이유로 위법하다고 판단할 수 있다는 견해이다. 그러나 이러한 견해에 대하여는 직접 행정규칙의 법규성을 인정함으로써 행정규칙과 법규명령의 차이를 모호하게 한다는 비판이 제기될 수 있다. 둘째로, 평등원칙 등을 매개로 하여 간접적으로 행정규칙의 법규성을 인정하려는 견해이다. 이에 의하면, 보건복지부 훈령이 발해지면, 대부분의 하급행정청은 이를 준수하여 행정처분을 내릴 것이므로 그에 따라 일정한 행정관행이 성립하게 될 것이다. 그렇다면 만일 설문과 같이 행정청이 훈령에 위반하여 – 즉 기존의 행정관행에 반하여 – 영업정지처분을 내린 경우에는 평등의 원칙에 위반되는 것이므로 – 다시 말해 다른 사람들은 1회 적발되면 1개월 이하의 영업정지처분을 받았을 것이므로 – 위법한 처분에 해당하게 된다. 후설은 독일 연방행정법원의 판례를 중심으로 발전한 이론으로, 우리나라에서도 현재의 일반적 입장으로 보인다.

V. 행정규칙형식의 법규명령과 법규명령형식의 행정규칙

1. 행정규칙형식의 법규명령(고시 · 훈령 · 지침 등의 형식에 내용은 법규명령 – 이른바 법령보충적 행정규칙)

(1) 일반적으로 '행정규칙형식의 법규명령' 이란 법률의 내용을 구체화할 필요성이 있을 때 법령의 위임을 받아 그 구체적인 내용을 고시, 훈령, 지침 등으로 정하는 경우에 이들이 법규명령의 성격을 갖는 것을 말한다. 이처럼 행정기관이 고시 · 훈령 · 지침 등의 형식으로 상위법령을 보충하거나 구체화한 경우 이러한 고시 · 훈령 · 지침이 법규성을 가질 수 있는지에 대해 견해가 대립되고 있다.

대법원은 대표적으로 국세청 훈령인 「재산제세사무처리규정」에 대해, 「소득세법 시행령」의 위임에 근거하여 제정된 것이므로 「소득세법 시행령」과 결합하여 대외적 효력을 발생한다고 하여 법규성을 인정한 바 있다(대판 1987.9.29. 86누484). 즉 훈령이 예외적으로 상위법령의 수권(授權)에 근거하여 상위법령의 내용을 구체적으로 보충하는 경우에는 법규명령의 성격을 갖는다는 것이다.

(2) 본 판례 이후 행정규칙형식의 법규명령에 대하여 대법원은 동일한 입장을 견지하고 있다(아래의 판례참조). 한편 이러한 형식의 법규명령이 계속 증가하는 추세에 있는바, 그 이유는 상위법령에서 "... 부령으로 정한다" 라는 수권방식을 택하지 않고, "... 장관(청장)이 정한다" 라는 형태를 취하고 있기 때문이다. 이러한 법령보충적 행정규칙은 법규명령과 같이 재판의 전제가 된 경우에는 법원이 간접적으로 사법심사의 대상으로 삼아 통제를 할 수 있다. 나아가 처분성을 갖는 경우에는 그 자체로 직접 항고소송의 대상도 될 수 있을 것이다.

판례 노령수당 지급대상자 선정 제외처분 – 노인복지사업지침의 법적성질 등

(1) 보건사회부장관이 정한 1994년도 '노인복지사업지침'은 노령수당의 지급대상자의 선정기준 및 지급수준 등에 관한 권한을 부여한 노인복지법 제13조 제2항, 같은법시행령 제17조, 제20조 제1항에 따라 보건사회부장관이 발한 것으로서 실질적으로 법령의 규정내용을 보충하는 기능을 지니면서 그것과 결합하여 대외적으로 구속력이 있는 법규명령의 성질을 가진다.

(2) 다만 '법령보충적인 행정규칙'은 당해 법령의 위임한계를 벗어나지 아니하는 범위 내에서만 그것들과 결합하여 법규적 효력을 가진다. … 본 사안에서, 보건사회부장관이 정한 1994년도 '노인복지사업지침'은 노령수당의 지급대상자를 '70세 이상'의 생활보호대상자로 규정함으로써 당초 법령이 예정한 노령수당의 지급대상자를 부당하게 축소·조정하였다. 따라서 위 지침 가운데 노령수당의 지급대상자를 '70세 이상'으로 규정한 부분은 법령의 위임한계를 벗어난 것이어서 그 효력이 없다(대판 1996.4.12. 95누7727).

〈노인복지법(1993.12.27 일부개정)〉

제13조(노령수당)

① 국가 또는 지방자치단체는 65세 이상의 자에 대하여 노령수당을 지급할 수 있다.

② 제1항의 노령수당을 지급할 시기 및 대상자의 선정기준 등에 관하여 필요한 사항은 대통령령으로 정한다.

〈노인복지법시행령(1994.12.23 일부개정)〉

제17조(노령수당의 지급대상자)

법 제13조의 규정에 의한 노령수당의 지급대상자는 65세 이상의 자중 소득수준 등을 참작하여 **보건복지부장관이 정하는** 일정소득 이하의 자로 한다.

2. 법규명령형식의 행정규칙(대통령령 · 총리령 · 부령 형식에 내용은 행정규칙)

(1) '법규명령형식의 행정규칙' 이란 법규명령의 형식을 취하고 있지만 그 내용은 행정규칙의 성질을 갖는 것을 말한다. 일반적으로 법규명령형식의 행정규칙은 재량권 행사의 기준(예컨대, 제재적 처분의 기준을 정한 '재량준칙')을 법규명령의 형식으로 제정한 경우가 대부분이다.

(2) 대표적인 예로는, i) 영업의 취소 · 정지, 일부시설의 사용중지, 영업소폐쇄명령 등의 세부적인 기준과 관련하여 「식품위생법시행규칙」 제89조에 의한 행정처분기준(연결조문: 「식품위생법」 제75조, 제80조), 「공중위생관리법시행규칙」 제19조에 의한 행정처분기준(연결조문: 「공중위생관리법」 제7조, 제11조), ii) 「도로교통법시행규칙」 제91조 제1항에 의한 운전면허의 취소 · 정지, 벌점부과처분기준(연결조문: 「도로교통법」 제93조), iii) 「여객자동차운수사업법시행규칙」 제59조에 의한 택시운전자격의 취소 · 정지처분기준(연결조문 : 「여객자동차운수사업법」 제87조)을 들 수 있다.

(3) 이처럼 행정사무처리기준 등과 같은 행정내부적 사항을 고시 · 훈령의 형식으로 규정하지 않고 대통령령 · 총리령 · 부령의 형식으로 규정할 경우 이러한 규정은 법규명령인가 아니면 행정규칙인가에 대해 견해가 대립된다.

판례는 제재적 처분의 기준이 '대통령령(시행령)' 의 형식으로 된 경우에는 법규명령의 성격을 인정하여 재판규범성을 긍정하고 있다(아래의 판례 1). 반면 제재적 처분의 기준이 '부령(시행규칙)' 의 형식으로 규정된 경우에는 행정청내의 사무처리기준을 규정한 것에 불과한 것으로서 행정규칙의 성격을 지닌다는 입장이다(아래의 판례 2). 이러한 판례의 모순된 태도는 학계로부터 적지 않은 비판을 받고 있다.

판례 1 시행령(대통령령)으로 정한 제재적 행정처분의 기준

피고(서울특별시 노원구청장)가 하자보수지체를 이유로 원고(○○건설회사)에 주택건설사업 영업정지 처분을 한 사건에서, 당해 처분의 기준이 된 '주택건설촉진법시행령' 제10조의3 제1항 [별표 1]은 주택건설촉진법 제7조 제2항의 위임규정에 터잡고 있는 것으로 규정형식이 대통령령이다. 이는 그 성질이 '부령' 인 '시행규칙' 과 같이 통상적으로 행정조직 내부에 있어서의 행정명령에 지나지 않는 것이 아니라 대외적으로 국민이나 법원을 구속하는 힘이 있는 법규명령에 해당한다(대판 1997.12.26. 97누15418).

판례 2 시행규칙(부령)으로 정한 제재적 행정처분의 기준

피고(서울특별시 강남구청장)가 원고에게 영업시간위반 등을 이유로 대중음식점 영업정지처분을 한 사건에서, 당해 처분의 근거는 식품위생법시행규칙 제53조의 별표 15인바, 식품위생법 제58조에 따른 행정처분의 기준을 정하고 있다. 그러나 이는 형식은 부령이지만 그 성질은 행정기관 내부의 사무처리준칙을 규정한 것에 불과하며, 보건사회부장관이 관계행정기관 및 직원에 대하여 그 직무권한행사의 지침을 정하여 주기 위하여 발한 행정명령의 성질을 가지는 것이다. … 대외적으로 국민이나 법원을 기속하는 힘이 있는 것은 아니므로 식품위생법 제58조 제1항에 의한 처분의 적법여부는 위 규칙에 적합한 것인가의 여부에 따라 판단할 것은 아니고 위 식품위생법 규정의 내용 및 그 취지에 적합한 것인가의 여부에 따라 판단하여야 할 것이다(대판 1993.6.29. 93누5635).

보충자료 집행적 법규명령에 대한 헌법재판소의 통제

▶ 「체육시설의 설치 이용에 관한 법률 시행규칙」 제5조에 대한 헌법소원(헌법재판소 1993.5.13, 92헌마80)

「체육시설의 설치 · 이용에 관한 법률」에 의하면 신고 체육시설업은 당구장업을 포함한 10종류로 되어 있다. 그런데 「체육시설의 설치 · 이용에 관한 법률 시행규칙」 제5조에 따르면 "당구장업은 출입문에 18세 미만자의 출입을 금지하는 내용의 표시를 하여야 한다" 고 규정되어 있다. 이 경우 당구장업을 영위하고 있는 甲에게는 어떠한 권리구제의 방법이 있는가?

〈결정요지〉

(1) 명령(命令) · 규칙(規則) 그 자체에 의하여 직접 기본권이 침해되었을 경우에는 그것을 대상으로 하여 헌법소원심판을 청구할 수 있고, 이 경우 당해 법령이 구체적 집행행위를 매개로 하지 아니하고 직접적으로 국민의 기본권을 침해하고 있어야 한다.

(2) 당구장 경영자인 청구인에게 당구장 출입문에 18세 미만자에 대한 출입금지 표시를 하게 하는 이 사건 심판대상규정은 법령이 직접적으로 청구인에게 그러한 표시를 하여야 할 법적 의무를 부과하는 사례에 해당하는 경우로서, (...) 청구인을 포함한 모든 당구장 경영자의 직업수행의 자유가 제한되어 헌법상 보장되고 있는 직업선택의 자유가 침해된다.

▶ 「법무사법시행규칙」 제3에 대한 헌법소원(헌법재판소 1990.10.15, 89헌마178)

대법원규칙인 「법무사법시행규칙」에 대법원장에게 법무사 시험의 실시여부 그 자체를 결정할 수 있는 권한을 부여하였다. 대법원장이 법무사 시험을 공개적으로 실시하지 아니하기로 결정함에 따라 수험생 乙은 시험 응시의 기회를 가질 수 없게 되었다. 이 경우 헌법소원을 통하여 법무사법 시행규칙의 위헌성을 다툴 수 있는가?

〈결정요지〉

(1) 입법부 · 행정부 · 사법부에서 제정한 규칙(規則)이 별도의 집행행위를 기다리

지 않고 직접 기본권을 침해하는 것일 때에는 모두 헌법소원심판의 대상이 될 수 있는 것이다.

(2) 법령자체에 의한 직접적인 기본권침해 여부가 문제되었을 경우 그 법령의 효력을 직접 다투는 것을 소송물로 하여 일반 법원에 구제를 구할 수 있는 절차는 존재하지 아니하므로 이 사건에서는 다른 구제절차를 거칠 것 없이 바로 헌법소원심판을 청구할 수 있는 것이다.

(3) 「법무사법시행규칙」 제3조 제1항은 법원행정처장이 법무사를 보충할 필요가 없다고 인정하면 법무사시험을 실시하지 아니해도 된다는 것으로서, 상위법인 법무사법 제4조 제1항에 의하여 모든 국민에게 부여된 법무사 자격취득의 기회를 하위법인 시행규칙으로 박탈한 것이어서 평등권과 직업선택의 자유를 침해한 것이다.

「법무사법」 법률 제4200호, 1990.1.13

제4조 (자격) ① 다음 각 호의 1에 해당하는 자는 법무사의 자격이 있다.

1. 7년 이상 법원 · 헌법재판소 · 검찰청에서 법원주사보나 검찰주사보이상의 직에 있던 자 또는 5년 이상 법원 · 헌법재판소 · 검찰청에서 법원사무관이나 검찰사무관 이상의 직에 있던 자로서 법무사 업무의 수행에 필요한 법률지식과 능력이 있다고 대법원장이 인정한 자

2. 법무사시험에 합격한 자

② 제1항 (...) 제2호의 규정에 의한 법무사시험의 실시에 관하여 필요한 사항은 대법원규칙으로 정한다.

「법무사법시행규칙」 대법원규칙 제1108호, 1990.2.26]

제3조 (법무사 시험) ① 법원행정처장은 법무사를 보충할 필요가 있다고 인정되는 경우에는 대법원장의 승인을 얻어 법무사시험을 실시할 수 있다.

보충자료 처분적 법규명령에 대한 법원의 통제

▶ **두밀분교폐지조례 무효확인소송(대판 1996.9.20, 95누 8003)**

〈판시사항〉

조례가 집행행위의 개입 없이도, 즉 조례에 근거한 처분이 없어도 그 자체로서 직접 국민의 구체적인 권리의무나 법적 이익에 영향을 미치는 등의 법률상 효과를 발생하는 경우 그 조례는 **항고소송의 대상이 되는 행정처분**에 해당하고, 이러한 조례에 대한 무효확인소송을 제기함에 있어서 (...) 피고적격이 있는 (...) 행정청은, 행정주체인 지방자치단체 또는 지방자치단체의 내부적 의결기관으로서 지방자치단체의 의사를 외부에 표시할 권한이 없는 지방의회가 아니라, 지방자치법 제26조 제2항 지방자치단체의 집행기관으로서 조례로서의 효력을 발생시키는 공포권이 있는 지방자치단체의 장이라고 할 것이다.

§ 14 확약, 행정계획, 공법상 계약, 사실행위, 행정지도

Ⅰ. 확약

1. 의의

확약(確約)(Zusage)이란 행정청이 자기구속의 의사로서 국민이나 주민에 대해 일정한 행정작용을 하거나 하지 않을 것을 약속하는 의사표시를 말한다. 확약의 한 범주로서 약속된 대상이 행정행위와 관련되는 경우에 이를 별도로 확언(Zusicherung)이라 부르기도 한다. 또는 확약과 확언의 용어를 반대의 의미로 바꾸어 사용하는 견해도 있어 독일법상의 용어 번역이 일치되어 있지 않다.

일설은, 독일의 경우 「행정절차법」 제38조 제1항에 Zusage와 Zusicherung의 용어와 설명이 있는 반면, 우리나라의 경우 이에 상응하는 명문 규정이 없으므로 확약과 확언을 구별할 필요는 없고, 행정작용 일반에 관한 행정청의 구속력 있는 의사표시를 총칭하는 뜻으로서 '확약' 이라는 개념을 사용하는 것으로 족하다고 한다.

우리 실무상으로 확약은 '내인가(內認可)(본 인·허가의 전단계로서 행해지는 인·허가의 발급약속)' 등으로 불린다(확약의 例: 공무원임명의 내정, 양도소득세를 자진 신고하는 자에게 세율인하의 약속, 무허가건물의 자진 철거자에게 아파트 입주권 부여하겠다는 약속, 경산시 하양읍과 진량읍 주민들에게 지하철 건설 약속).

한편 확약은 공법상의 의사표시이기는 하지만, 그 자체가 행정행위의 처분성을 지니는가에 대해 견해가 대립된다. 판례는 확약의 처분성(행정행위성)을 부

인하고 있다.[37)]

2. 효력

행정청이 행한 확약은 '신뢰보호의 원칙'에 기초하여 일정한 법적효력을 발생하기도 한다. 즉, 행정청에 대해서는 확약의 내용을 이행할 구속의 효과를 발생시키는 한편, 상대방은 행정청에 확약된 내용의 이행을 청구할 수 있다.

다만 확약 이후 사실상태 또는 법률상태가 변경된 경우에는 확약의 구속력은 상실되고 행정청은 확약의 내용에 구속받지 않는다(例: A에 대하여 경산시 진량읍의 일정지역에 건축허가를 확약했으나, 확약 후 해당지역이 군사시설 보호지역으로 새로이 지정됨으로써 건축이 제한되는 경우).

판례 확약 후 사실상태 · 법률상태가 변경된 경우에 있어서 주택건설사업 승인을 거부처분 한 사건

(1) 구 주택건설촉진법시행령 제32조의2 제2항, 제3항의 규정에 의하면 주택건설사업계획의 승인 여부는 정당한 사유가 없는 한 신청수리 후 60일(관계 기관의 장과의 협의기간 30일을 포함) 내에 결정하도록 되어 있다. 하지만 이 규정은 가능한 한 조속히 그 승인사무를 처리하도록 정한 훈시규정에 불과할 뿐 강행규정이라고 할 수는 없다. 그러므로 행정청이 그 기간을 경과하여 주택건설사업승인 거부처분을 하였다고 해서 그 거부처분이 위법하다고 할 수는 없다.

(2) 허가 등의 행정처분은 원칙적으로 **'처분시'**의 법령과 허가기준에 의하여 처리되어야 하고 **'허가신청 당시'**의 기준에 따라야 하는 것은 아니다. 비록 허가신청 후 허가기준이 변경되었다면, 그 허가관청이 허가신청을 수리해놓고도 정당한

37) "어업권면허에 선행하는 우선순위결정은 행정청이 우선권자로 결정된 자의 신청이 있으면 어업권면허처분을 하겠다는 것을 약속하는 행위로서 강학상 확약에 불과하고 행정처분은 아니므로, 우선순위결정에 공정력이나 불가쟁력과 같은 효력은 인정되지 아니한다. 따라서 우선순위결정이 잘못되었다는 이유로 종전의 어업권면허처분이 취소되면 행정청은 종전의 우선순위결정을 무시하고 다시 우선순위를 결정한 다음 새로운 우선순위결정에 기하여 새로운 어업권면허를 할 수 있다(대판 1995.1.20, 94누6529)".

이유 없이 그 처리를 늦추어 그 사이에 허가기준이 변경된 것이 아닌 이상 **'변경된 허가기준'** 에 따라서 처분을 하여야 한다.

(3) 주택건설사업계획승인신청을 수리한 행정청이 그 처리기간을 넘겨 나중에 결정·고시된 도시계획(최고고도지구)을 이유로 승인을 거부하였더라도, 정당한 이유 없이 처리를 지연한 것은 아니어서 적법하다.

(4) 주택건설사업 **승인신청**을 하기에 앞서 구 건축법상의 **'사전결정'** 을 받은 경우, 행정청이 그 건축법상의 '사전결정' 에 기속되어 주택건설촉진법상의 주택건설사업계획을 반드시 승인하여야 하는 것은 아니다. 그러므로 주택건설사업 승인거부처분이 구 건축법상의 '사전결정' 에 배치된다는 이유만으로 위법하게 되는 것은 아니다.

확약 또는 공적인 의사표명이 있은 후에 사실적·법률적 상태가 변경되었다면 '확약 등' 은 실효될 수 있다. 나아가 행정청이 상대방에게 장차 어떤 처분을 하겠다고 확약 또는 공적인 의사표명을 하였다고 하더라도, 상대방으로 하여금 언제까지 처분의 발령을 신청 하도록 유효기간을 두었는데도 그 기간 내에 상대방의 신청이 없었다면 확약 또는 공적인 의사표명은 행정청의 별다른 의사표시를 기다리지 않고 실효된다(대판 1996.8.20. 95누10877).

〈구 주택건설촉진법시행령(1994.07.30 일부개정)〉

제32조의2(사업계획의 승인절차 등)

② 건설부장관은 법 제33조제3항의 규정에 의한 사업계획의 **'승인신청'** 을 받은 때에는 정당한 사유가 없는 한 30일(제3항의 규정에 의한 협의기간을 제외한다) 이내에 그 승인여부를 결정하고 그 결과를 사업주체에게 통보하여야 한다.

③ 건설부장관이 법 제33조제6항의 규정에 의하여 관계기관의 장에게 협의를 요청할 때에는 (...) 그리고 협의요청을 받은 기관의 장은 정당한 사유가 없는 한 30일 이내에 건설부장관에게 의견을 통보하여야 한다.

Ⅱ. 행정계획

1. 의의

현대행정에서는 여러 분야에서 수많은 계획이 존재하고 그 성질도 차이가 있다. 그러므로 행정계획(行政計劃)을 단순히 정의하기는 어렵지만, 일반적으로 "행정주체 또는 그 기관이 장래 달성하고자 하는 일정한 행정목표를 미리 설정하고 그 목표를 달성하기 위한 여러 수단들을 조정·종합함으로써 구체적인 활동기준을 제시하는 행위" 라고 포괄적으로 정의할 수 있다.

例: 「국토의 계획 및 이용에 관한 법률」상의 도시계획, 4대강 개발 계획, 공해방지계획, 경제계획, 교육계획, 국민건강 및 노후문제와 관련한 사회계획 등

2. 법적 성질

(1) 행정계획은 행정의 행위형식 중 하나이다. 종래 행정계획의 법적 성질과 관련하여 입법행위설·행정행위설·독자성설 등이 대변되었다. 즉 행정계획은 다른 행위형식과 달리 여러 성질의 행정형식을 내포하고 있다. 다시 말해, 행정계획 중에는 법령의 형식을 취하고 있는 것도 있고, 행정행위의 성질을 가질 수도 있다. 또한 행정내부에서만 효력을 발생하는 내부지침적 성격의 것도 있다. 경우에 따라서는 하나의 행정계획 중에서도 이질적인 행위형식이 복합적으로 내재할 수도 있다. 그러므로 행정계획의 법적성질은 계획의 사안마다 개별적으로 검토되어야 할 것이다.

(2) 우리나라에서는 '항고소송(抗告訴訟)' 의 대상은 행정행위 등의 '처분' 에 국한되어 있다. 행정계획의 법적성질을 논하는 궁극적인 이유는 행정계획이 '항고소송' 의 대상이 될 수 있는지 여부에 있다. 환언하면, 행정계획에 행정행위의 처분적 성격이 없다면 항고소송의 대상이 될 수 없다. 물론 행정계획이

법률이나 법규명령형식을 취하고 있다면 '구체적 규범통제'의 대상이 될 수 있을 것이다.

(3) 한편 행정계획 중에서 항고소송의 대상이 되는지 문제가 되는 것은 국민에 대해 구속력을 갖는 행정계획만이다. 만일 아무런 구속력이 없는 '비구속적 행정계획'이라면 원칙적으로 항고소송의 대상이 될 수 없을 것이다. 과거 「(구) 도시계획법」 제12조 상의 **'도시계획결정'**(현재는 「국토의 계획 및 이용에 관한 법률」 제30조의 **'도시관리계획결정'**)의 처분성과 관련하여 행정계획의 법적성격 여부가 논란이 되었던바, 대법원은 그 처분성을 긍정한바 있다.

판례 「(구) 도시계획법」 제12조상 건설부장관이 고시(告示)한 도시계획 결정의 처분성 및 행정소송의 대상 여부

> 도시계획법 제12조 소정의 도시계획결정이 고시되면 도시계획구역 안의 토지 소유자나 건물소유자의 토지형질변경, 건축물의 신축·개축 또는 증축 등의 권리 행사가 일정한 제한을 받게 된다. 그러므로 **고시된 도시계획결정**은 특정 개인의 권리 내지 법률상의 이익을 개별적이고 구체적으로 규제하는 효과를 가져 오는 행정청의 처분이라 할 것이고, 이는 행정소송의 대상이 된다(대판 1982.3.9. 80누105)
>
> **〈도시계획법(1979.04.17 일부개정)〉**
>
> **제2조(정의)** ① 이 법에서 사용하는 용어의 정의는 다음과 같다.
>
> 1. '도시계획'이라 함은 도시계획구역과 그 구역 안에서 도시의 건전한 발전을 도모하고 공공의 안녕질서와 공공복리의 증진을 위한 토지이용·교통·위생·산업·보안·국방·후생 및 문화 등에 관한 다음의 계획을 말한다.
>
> 가. 제2장 제2절의 규정에 의한 지역·지구 또는 구역의 지정 또는 변경에 관한 계획
>
> 나. 도로·광장·주차장·자동차정류장·철도·궤도·색도·고속철도·하천·

운하 · 항만 · 공항 · 녹지 · 공원 · 운동장 · 유원지 · 관망탑 · 공공공지 · 공용의 청사 · 학교 · 도서관 · 시장 · 수도 · 하수도 · 공동구 · 도살장 · 공동묘지 · 화장장 · 쓰레기 및 오물처리장 · 전기공급설비 · 저수지 · 방풍설비 · 까스공급설비 · 유류저장 및 송유설비 · 유통업무설비 · 방수설비 · 방화설비 · 사방설비 · 방조설비의 시설 기타 대통령령으로 정하는 시설의 설치 · 정비 · 개량에 관한 계획

다. 토지구획정이사업, 일단의 주택지조성사업, 일단의 공업용지 조성사업 또는 재개발사업에 관한 계획

제4조(행위 등의 제한)

① 제12조 제4항의 규정에 의한 **고시가 있은 후에는** 도시계획 구역 안에서 다음 각 호의 1에 해당하는 행위는 시장 또는 군수의 허가 없이 이를 행할 수 없다. 다만, 대통령령으로 정하는 경미한 행위에 대하여는 그러하지 아니하다.

1. 토지의 형질의 변경 또는 죽목의 재식이나 토석의 채취
2. 건축물 기타 공작물의 신축 · 개축 또는 증축이나 이동이 용이하지 아니한 물건의 설치 또는 퇴적

제12조(도시계획의 결정) ① 도시계획은 건설부장관이 직권 또는 전조의 규정에 의한 도시계획입안자의 신청에 의하여 관계지방의회의 의견을 들은 후 중앙도시계획위원회의 의결을 거쳐 이를 결정한다. 결정된 도시계획을 변경할 때에도 또한 같다. 다만, 대통령령으로 정하는 경미한 사항의 변경에 있어서는 그러하지 아니하다.

④ 건설부장관은 제1항의 규정에 의하여 **도시계획을 결정**한 때에는 대통령령이 정하는 바에 의하여 지체 없이 이를 고시(告示)하고 결정된 도시계획도면을 시장 또는 군수에게 송부하여 일반에게 공람시켜야 한다.

Ⅲ. 공법상 계약

1. 의의

(1) 공법상 계약(公法上 契約)이란 복수당사자 간 반대방향의 의사표시의 합치에 의하여 성립하는 공법행위이다. 이는 행정주체상호간, 행정주체와 사인(私人)간 또는 사인 상호간에 '행정목적을 수행하기 위해 이루어지는 것'이라는 점에서 사법상 계약(私法上 契約)(예 : 일본어학원 수강계약)과 구별된다.

(2) 우리나라와 달리 독일의 경우는 1976년 「행정절차법」(제54조–제62조)에서 명문으로 공법상 계약을 인정하고 있다. 예컨대, 「행정절차법」 제54조 제1문은 공법상 계약은 달리 배치되는 법 규정이 존재하지 않는 한 기본적으로 허용됨을 선언하고 있다. 제2문에서는, 행정청은 특히 행정행위를 발령하는 대신 상대방과 공법상 계약을 체결할 수가 있음을 확인하고 있다: "공법영역에서의 권리관계는 법 규정에 반하지 않는 한 계약에 의해 성립 · 변경 · 폐지될 수 있다. 특히 행정청은 행정행위가 발령될 당사자와 행정행위를 발령하는 대신에 공법상 계약을 체결할 수가 있다."

2. 종류

(1) 주체에 따른 분류

1) 행정주체간의 공법상 계약

국가와 공공단체 또는 공공단체 상호간에 성립하는 공법상 계약이다.

例) 지방자치단체간의 도로 · 하천 등 공공시설의 관리 및 비용분담에 관한 협의

2) 행정주체와 사인간의 공법상 계약

① 사인에게 행정사무를 위탁(앞의 § 4 Ⅱ. 2. 참조)

例) 사인의 신청에 의한 별정우체국의 지정(「별정우체국법」 제3조)

사인에게 수용자들의 관리나 직업교육 등 교정업무를 위탁(「민영교도소 등의 설치 · 운영에 관한 법률」 제3조, 제4조)

※ 사인에게 교도소 내 세탁 및 식당 운영을 맡기는 계약은 사법상 계약으로 보는 것이 타당

② 공무원관계 설정계약

例) 계약직 공무원의 채용계약, 대구광역시 시립무용단원의 위촉

3) 사인간의 공법상 계약

국가로부터 공권을 위탁받은 공무수탁사인(公務受託私人)과 다른 사인 간에 이루어지는 계약이다.

例) 토지수용에 있어서 사인인 사업시행자와 토지소유자간의 매매계약(「공익사업을 위한 토지 등의 취득 및 보상에 관한 법률」 제26조) → 동 계약을 사법상의 매매계약으로 보는 견해도 있다. 그러나 협의(매매)가 이루어져 토지수용위원회의 확인을 받은 경우에는 토지수용위원회의 재결과 동일한 효력을 발생(동법 제29조)하는 등으로 미루어 협의는 수용절차의 한 단계로 보아야 한다. 그렇다면 공법상 계약으로 보는 것이 타당하다고 판단된다.

〈공익사업을 위한 토지 등의 취득 및 보상에 관한 법률〉

제19조(토지 등의 수용 또는 사용) ① 사업시행자는 공익사업의 수행을 위하여 필요하면 이 법에서 정하는 바에 따라 토지 등을 수용하거나 사용할 수 있다.

제20조(사업인정) ① 사업시행자는 제19조에 따라 토지 등을 수용하거나 사용하려면 대통령령으로 정하는 바에 따라 국토해양부장관의 **'사업인정'** 을 받아야 한다.

제26조(협의 등 절차의 준용) ① 제20조에 따른 사업인정을 받은 사업시행자는 토지조서 및 물건조서의 작성, 보상계획의 공고·통지 및 열람, 보상액의 산정과 아울러 토지소유자 및 관계인과의 협의 절차를 거쳐야 한다. …

제28조(재결의 신청) ① 제26조에 따른 협의가 성립되지 아니하거나 협의를 할 수 없을 때에는 사업시행자는 사업인정고시가 된 날부터 1년 이내에 대통령령으로 정하는 바에 따라 관할 토지수용위원회에 **'재결을 신청'** 할 수 있다.

제29조(협의 성립의 확인) ① 사업시행자와 토지소유자 및 관계인 간에 제26조에 따른 절차를 거쳐 협의가 성립되었을 때에는 사업시행자는 제28조제1항에 따른 재결 신청기간 이내에 해당 토지소유자 및 관계인의 동의를 받아 대통령령으로 정하는 바에 따라 관할 토지수용위원회에 협의성립의 '확인' 을 신청할 수 있다.

> ③ 사업시행자가 협의가 성립된 토지의 소재지 · 지번 · 지목 및 면적 등 대통령령으로 정하는 사항에 대하여 「공증인법」에 따른 공증을 받아 제1항에 따른 협의 성립의 확인을 신청하였을 때에는 관할 토지수용위원회가 이를 수리함으로써 협의 성립이 '확인' 된 것으로 본다.
> ④ 제1항 및 제3항에 따른 확인은 이 법에 따른 '재결' 로 보며, 사업시행자, 토지소유자 및 관계인은 그 확인된 협의의 성립이나 내용을 다툴 수 없다.

(2) 성질에 따른 분류

공법상 계약은 양 당사자의 대등성 여부에 따라 대등계약과 종속계약으로 구분하기도 한다. 대등계약(對等契約)은 기본적으로 대등한 계약당사자 사이에 체결되는 계약으로서 주로 행정행위에 의해서는 규율될 수 없는 법률관계를 그 대상으로 한다(例: 대구대학교 뒤쪽으로 흐르는 금호강관리와 관련하여 인접하는 영천시와 경산시간의 협약).

종속계약(從屬契約)은 계약체결의 당사자가 상하관계에 있는 경우이다(例: 행정주체와 국민사이 또는 상급행정단체와 하급행정단체 간에 체결되는 계약).

Ⅳ. 사실행위

1. 의의

사실행위(事實行爲)란 '법적 효과(Rechtserfolg)' (즉, 개인의 권리 · 의무의 창설 · 변경 · 폐지나 법률관계의 확인)를 겨냥한 것이 아니라 '사실상의 효과(tatsächlicher Erfolg)' 를 겨냥한 행정조치라고 정의할 수 있다. 즉 사실행위는 의식내용과는 관련 없이 행정목적을 달성하기 위해 행해지는 물리력의 행사를 말한다.

例) - 도로보수, 거리청소, 경찰의 순찰

- 진량읍사무소의 건축
- 대구시 소속 업무차량의 운행
- 건강유해물질 함량하고 있는 제품의 발견시 이에 대한 경고(행정지도로 분류가능)
- 도로상에서 차량을 정지시킴
- 거리에 출몰한 악어의 포획
- 도주하는 은행 강도 차량에 대한 총기의 발사
- 죄수의 이송
- 단수조치(斷水措置)
- 전염병 예방주사접종
- 전염병환자의 강제격리

2. 사실행위에 대한 법적문제

행정청이 위법한 사실행위를 발생시킨 경우에는 – 실현 가능하고 수인(受忍) 할 수 있는 것이라면 – 초래된 결과를 제거하고 적법한 상태로 복원시킬 의무가 있다.

즉 행정청의 위법한 사실행위로 권리가 침해된 국민은 이에 상응하는 결과제거청구권(Folgenbeseitigungsanspruch)을 행사할 수 있다. 경우에 따라서는 국가배상청구권[38]도 가능할 것이다.

---

38) 헌법 제29조에 근거하여 국가배상에 관한 일반법으로서 「국가배상법」이 제정되어 있다. 크게 '공무원의 직무상 불법행위책임(제2조)' 과 영조물의 설치 · 관리하자로 인한 책임(제5조)' 의 두 가지로 구분된다. 헌법 제29조 제1항 : "공무원의 직무상 불법행위로 손해를 받은 국민은 법률이 정하는 바에 의하여 국가 또는 공공단체에 정당한 배상을 청구할 수 있다. 이 경우 공무원 자신의 책임은 면제되지 아니한다." 「국가배상법」 제2조 제1항 : "국가나 지방자치단체는 공무원 또는 공무를 위탁받은 사인이 직무를 집행하면서 고의 또는 과실로 법령을 위반하여 타인에게 손해를 입히거나, (...) 손해배상의 책임이 있을 때에는 이 법에 따라 그 손해를 배상하여야 한다." 제5조 제1항 : "도로 · 하천, 그 밖의 공공의 영조물의 설치나 관리에 하자가 있기 때문에 타인에게 손해를 발생하게 하였을 때에는 국가나 지방자치단체는 그 손해를 배상하여야 한다."

보충자료 사례 : 공법상 결과제거청구권

X시(市)에서 관리 하는 공동묘지에 K는 3개의 묘로 구성된 가족묘터를 보유하고 있다. 첫 번째 묘에는 K의 여동생이, 두 번째 묘에는 몇 년 전 사망한 K의 남편이 이미 묻혀 있고 세 번째는 아직 비어 있는 상태며, B의 가족묘와 접해 있다. 그러던 중 B의 아내가 사망하고, 시의 공동묘지관리청 F는 착오로 B의 아내를 K의 가족묘에 묻고 말았다. K는 이를 뒤 늦게 알게 되었고, 낯선 여성이 자신의 남편 옆에 누워 잠들고 있다는 사실을 감내할 수 없어 결과제거청구권의 행사를 고려하고 있다. 이에 대한 판단은?

→ 해설 : 공법상 결과제거청구권의 요건으로는, i) 행정주체의 公 행정작용으로 인한 침해, ii) 타인의 보호가치 있는 권리의 침해, iii) 위법한 상태의 계속, iv) 결과제거가 가능하고 수인(受忍)할 수 있을 것 등을 들 수 있다. 상기의 예에서는 K가 결과제거청구권을 행사하여 묘의 이장을 요구한다고 해도 B가 반대한다면 – 네 번째의 요건에 비추어 – 실제로는 인용되기 어려운 측면이 있을 것이다. 비록 K가 비록 제약 없는 묘의 이용권을 지니고 있다 해도 재산권행사는 제한 될 수 있다. 헌법에서 천명되고 있는 인간의 존엄과 가치에 비추어 사자(死者)의 영혼의 보호가 우위에 있다고 볼 수 있기 때문이다.

V. 행정지도

1. 의의

행정지도(行政指導)란 행정기관이 일정한 행정목적을 실현하기 위하여 상대방인 국민에게 일정한 행위를 하거나 하지 말도록 지도나 권고 내지 조언 등을 하는 행정작용을 말한다.

例) ① 조류인플루엔자 발생에 따라 닭고기 끓여 먹도록 권고

② 물가억제를 위한 권고

③ 공해방지를 위한 권고 등

④ 기상청은 이번 겨울은 눈이 많이 올 것으로 예상되니 하우스 재배농가들에 각별한 주의를 권고

⑤ 금융감독원이 은행들에게 현금자동입출금기(ATM)의 계좌이체 수수료를 인하할 것을 권고/ 공정거래위원회가 카드회사들에게 영세 음식점업소의 카드수수료를 인하할 것을 권고, 또는 백화점들에게 판매수수료를 매길 때 해외명품업체와 국내업체를 차별하지 말 것을 권고

2. 특색

행정지도는 그 자체로서는 상대방에 대하여 아무런 직접적인 법적 구속력을 발생하지 않는다. 즉, 상대방의 임의적·자발적인 협력을 전제로 한다는 점에 특징이 있다.

3. 필요성

(1) 현실의 행정수요에의 대응 - 법령불비의 보완

현대의 복리국가에 있어서 행정기능의 확대에 따른 다양한 행정활동이 이루어지고 있다. 이에 부응하여 법률이 적시에 제정되어 법적 근거를 마련해 주어야 하지만 그렇지 못한 경우도 있다.

또 법적 근거가 마련되어 있는 경우에도 현실은 끊임없이 새로운 변화가 발생하므로 기존의 법률을 그대로 적용하는 것이 적절치 못한 경우도 있다. 이런 경우에 행정을 신속·탄력성 있게 수행하기 위해서 행정지도에 의거하지 않을 수 없다.

(2) 분쟁의 사전예방 - 국민저항의 방지

행정지도는 행정기관과 사인(私人) 간에 상호 이해가 결여됨으로써 발생할 수 있는 분쟁을 사전에 회피할 수 있는 유효한 수단이다.

(3) 정보의 제공

행정지도는 사인에게 최신의 지식・기술・정보를 제공하는데 이바지하기도 한다.

例) 농촌진흥청이 농민에게 신종 우량 품종의 재배를 권장

4. 문제점

행정지도는 원래 상대방의 동의 또는 임의적인 협력을 바탕으로 하는 것이지만, 행정주체의 우월한 힘을 바탕으로 사실상 강제성을 띨 우려가 있다.

보충자료 정보공개와 개인정보보호

1. 개설

오늘날 우리 사회가 정보화사회로 발전하면서 개인생활이 매우 편리한 점도 있지만, 다른 한편으로는 정보의 독점이나 정보로부터의 소외, 사생활침해와 같은 부정적니 현상을 낳기도 한다. 이와 같은 정보화사회의 진전에 따라 일정한 공법적 대응으로 두 가지를 거론할 수 있는데, 하나는 행정기관이 보유하고 있는 정보의 공개이고 다른 하나는 개인정보에 대한 보호이다.

2. 정보공개제도

(1) 정보공개제도의 의의

정보공개제도는 행정청을 비롯한 공공기관이 보유, 관리하는 각종의 정보를 일정한 요건하에 공개하는 것을 말하며, 이를 실현하기 위한 법제를 정보공개법이라 한다. 정보공개제도는 정보화사회에서 행정이 보유한 정보에 대하여 개인의 자유로운 접근권을 보장하고, 이를 통해 행정의 투명성과 민주화에 기여하는 데 그 기본목적이 있다. 따라서 정보공개제도는 개인의 알 권리를 실현함과 동시에, 정부에 의한 정보독점을 방지하고 개인에게 정보의 공유를 가능하게 하여 정보의 평등화를 지향

한다.

(2) **정보공개청구권의 법적근거**

개인의 정보공개청구권은 헌법상으로는 국민의 알권리에서 도출된다는 것이 일반적인 견해이다. 이는 정보의 수집에 있어 국가의 부당한 간섭을 배제하는 소극적인 측면과 더불어 국가 등에 필요한 정보의 청구를 요구하는 적극적 성격을 모두 포함한다. 이와 같은 헌법상의 알권리를 구체화하기 위해 정보공개에 관한 일반법으로서 '공공기관의 정보공개에 관한 법률(정보공개법)'이 1997.1.1. 제정되어 1998.1.1.부터 시행되고 있다.

이와는 별도로 지방자치단체는 그 소관사무에 대해 법령의 범위 내에서 정보공개에 관한 조례를 정할 수 있다(정보공개법 제4조 제2항). 정보공개법이 제정되기 전에도 지방자치단체의 독자적인 정보공개조례가 적법하다는 판례에 따라 많은 정보공개조례가 제정되어 왔다. 정보공개법의 구체적인 내용에 대해서는 생략하기로 한다.

3. **개인정보보호**

(1) **개인정보보호의 의의**

정보기술의 비약적 발전단계를 경험하고 있는 오늘날의 정보화사회에서는 개인의 프라이버시의 침해가 심각한 수준에 도달하게 되었다. 개인정보보호제도라 함은 이와 같은 개인에 관한 정보가 부당하게 수집·저장·유통되는 것을 막아 프라이버시를 보호하는 제도를 말한다.

개인정보보호제도는 이른바 헌법상의 개인정보자기결정권에 근거를 두고 있다. 개인정보자기결정권은 자신에 대한 정보가 언제 누구에게 어느 범위까지 알려지고 또 이용되도록 할 것인지를 그 정보주체가 스스로 결정할 수 있는 권리, 즉 정보주체가 개인정보의 공개와 이용에 관해 스스로 결정할 권리를 의미한다.

(2) **개인정보보호의 법적 근거**

우리 헌법 제17조는 "모든 국민은 사생활의 비밀과 자유를 침해받지 아니한다"고 규정하여 사생활보호를 위한 명문의 규정을 두고 있다. 그러나 프라이버시권은 제17조뿐만 아니라 제10조의 인간의 존엄과 가치 및 행복, 자유민주주의적 기본질서 규정, 국민주권원리 등에 의해 포괄적으로 보장되는 권리라 할 것이다. 헌법재판소는 제17조와 제10조, 자유민주주의적 기본질서 규정, 국민주권원리 등을 이념적 기초로 하는 독자적 기본권으로서 헌법에 명시되지 아니한 기본권으로 보고 있다.

한편 이러한 헌법규정들에도 불구하고 그동안 개인정보 보호에 관한 일반법은 존재하지 않았다. 그러다가 공공부문과 민간부문을 망라하여 국제수준에 부합하는 개인정보보호 처리원칙을 규정하고 개인정보 침해로 인한 피해구제를 강화함으로서 국민의 사생활 보호를 실효성 있게 보호하기 위하여, 2011.3.29. 개인정보보호법이 제정되어 동년 9.30부터 시행되게 되었다. 개인정보보호법은 개인정보보호에 관한 일반법의 성격을 지닌다. 개인정보호보호법의 구체적인 내용에 대해서는 생략하기로 한다.

§ 15 행정의 실효성 확보수단

Ⅰ. 의의

행정청이 국민에게 일정한 의무를 과했음에도 그 의무를 이행하지 않으면 행정목적의 달성은 곤란하게 된다. 따라서 국민이 행정법상의 의무를 이행하지 않거나 위반하는 경우, 행정목적을 효율적으로 달성하기 위해 강제적으로 그 의무의 이행·준수를 확보하는 법적 수단이 강구되어야 할 것이다. 이것이 행정의 실효성확보수단이다. 의무이행확보수단이라고도 한다.

Ⅱ. 종류

1. 전통적 수단

(1) 행정법상의 의무를 지는 자가 그 의무를 이행하지 않거나 이를 위반한 경우에는, 전통적으로 그 의무의 이행·준수를 확보하기 위해 두 가지의 수단이 동원되었다. 하나는 의무를 강제적으로 이행시키는 수단이고, 다른 하나는 의무위반에 대한 제재를 가하는 수단이다. 전자를 「행정강제(行政強制)」라 하고, 후자를 「행정상 제재(行政上 制裁)」라 한다.

(2) 「행정강제」는 장래에 향하여 의무의 이행을 실현시키기 위한 것인 데 반해서, 「행정상 제재」는 과거의 의무위반에 대한 제재를 목적으로 하는 점에서 기본적인 차이가 있다.

전통적인 이론은 「행정강제」를 다시 '행정상 강제집행' 과 '행정상 즉시강제' 로 나눈다. 행정상 강제집행의 수단은 대집행 · 이행강제금(집행벌) · 직접강제 · 행정상 강제징수 네 가지로 분류된다. 한편, 종래 행정상 즉시강제의 일환으로 간주되었던 질문 · 조사 등과 같은 행정작용은 오늘날에는 '행정조사' 라는 이름 하에 독립적으로 검토되어지고 있다.

「행정상 제재」의 대표적 수단은 '행정벌' 이며, 이는 다시 행정형벌과 행정질서벌로 구분한다.

2. 새로운 수단의 등장

현대에 들어 국가나 지방자치단체가 해야 할 임무는 점차로 증대하고 있다. 이렇게 행정작용이 확대됨에 따라, 필연적으로 행정의 실효성을 확보하기 위한 (제재)수단도 다양화되고 있다. 즉, 종래의 「행정상 제재」 수단인 행정벌 이외에 공급거부, 관허사업의 제한, 위반사실 등의 공표, 국외여행의 제한, 과징금 등과 같은 새로운 수단이 등장하였다. 주류적 입장은, 이러한 수단들을 「새로운 의무이행확보수단」이라 하여 행정의 전통적인 실효성확보수단인 「행정강제」 및 「행정상 제재」와는 구분하여 별도의 항목에서 다루기도 하는데, 본서에서는 편의상 「행정상 제재」하에서 고찰하기로 한다.

[표 16] 행정의 실효성확보수단

- 행정강제
  - 행정상 강제집행 : 대집행, 이행강제금(집행벌), 직접강제, 행정상 강제징수
  - 행정상 즉시강제 → *의무의 존재를 전제로 하지 않음*
  - 행정조사
- 행정상제재
  - 행정벌 : 행정형벌, 행정질서벌
  - 새로운 수단: 공급거부, 관허사업제한, 위반사실 등의 공표, 국외여행제한, 과징금

Ⅲ. 행정강제

1. 행정상의 강제집행

(1) 서

1) 의의

행정상 강제집행(行政上 強制執行)이란 행정법상의 의무불이행이 있는 경우에 행정주체가 의무자의 신체 또는 재산에 실력을 행사하여 장래에 향하여 그 의무를 이행시키거나 혹은 이행이 있었던 것과 동일한 상태를 실현하는 행정작용을 말한다.

2) 특색

장래에 향하여 의무의 이행을 강제하기 위한 수단인 점에서, 과거의 의무위반에 대한 제재수단인 행정벌과 구별된다.

상대방의 의무불이행을 전제로 하는 점에서, 이를 전제로 하지 않는 '행정상 즉시강제'와 구별된다.

(2) 행정상 강제집행의 실정법적 근거

행정상 강제집행 중 대집행에 관한 일반법은 「행정대집행법」이고, 행정상 강제징수에 관한 일반법은 「국세징수법」이다. 직접강제는 「출입국관리법」, 「식품위생법」, 「공중위생관리법」 등에서 규정하고 있고, 이행강제금(집행벌)은 「건축법」 등에서 인정되고 있다.

2. 구체적인 수단들

(1) 대집행

1) 의의

대집행(代執行)이라 함은 의무자가 '대체적 작위의무(代替的 作爲義務)'를 이행하지 않는 경우에, 행정청이 의무자가 행할 의무를 스스로 행하거나 또는 제3자로 하여금 이를 행하게 하고, 의무자로부터 그 비용을 징수하는 것을 말한다.

만일 행정청이 스스로 집행하지 않고 제3자에게 맡길 경우에는 행정청과 제3자간에는 사법상계약이 이루어지고 의무자와 함께 법률상의 삼각관계가 형성된다. 여기서 제3자와 의무자간에는 아무런 법률관계가 존재하지 않는다.

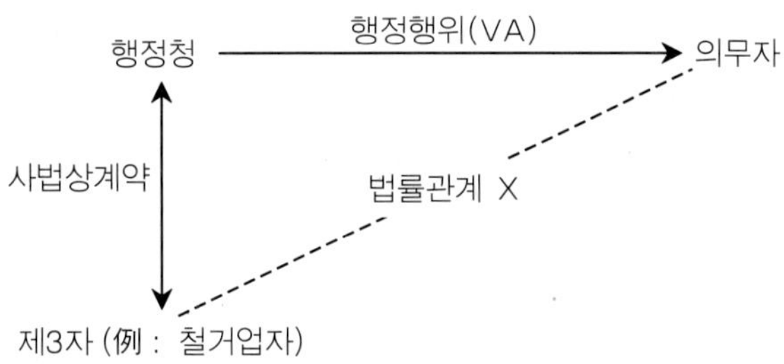

2) 대집행의 대상

대집행의 대상이 될 수 있는 의무는 '대체적 작위의무'에 한한다. 대체적 작위의무란 타인이 대행하더라도 의무자가 스스로 행한 것과 동일한 목적을 달성할 수 있는 성질의 의무를 말한다. 따라서 일신전속적(一身專屬的)이거나 전문기술적이어서 대체성이 없는 '비대체적 작위의무(非代替的 作爲義務)', '부작위의무(不作爲義務)', '수인의무(受忍義務)'는 대집행의 대상이 되지 않는다.

□ **비대체적 작위의무의 例 :**

① 예방접종 · 신체검사 · 건강진단 등을 받을 의무

② 연좌농성을 해제할 의무

③ 증인으로 출석할 의무

④ 건물의 명도의무(明渡義務) 등 - 건물의 인도행위 자체는 대체성이 있지만, 그 점유자를 퇴거시키는 것은 대체성이 없기 때문에 건물의 명도의무는 대집행의 대상이 되지 않는다고 본다.

판례 도시공원시설인 매점의 점유자에 대한 퇴거 및 명도의무가 대집행 대상이 될 수 있는지 여부

> 도시공원시설인 매점의 관리청인 서울 관악구청정장이 매점의 점유자에 대해 "일정기간 내에 매점으로부터 퇴거하고 이에 부수하여 그 판매시설물 및 상품을 반출하지 아니할 때에는 이를 대집행하겠다" 는 내용의 '계고처분' 을 한 사건에서, 이는 대체적 작위의무에 해당하는 것이 아니어서 대집행의 대상이 되지 않는다고 하였다" (대판 1998.10.23, 97누157).
>
> → 작위의무(作爲義務)라도 **'퇴거의무'** 처럼 제3자가 대신하여 이행할 수 없는 작위의무는 대집행의 대상이 되지 아니한다

□ **부작위의무의 例:**

야간에 소음을 내지 않을 의무, 통제구역에 출입하지 않을 의무

3) 대집행의 요건

대집행은 ① 의무자의 불이행이 있는 경우에, ② 다른 수단으로써 그 이행을 확보하기가 곤란하고, ③ 그 불이행을 방치함이 심히 공익을 해할 것으로 인정될 때에 할 수 있다(「행정대집행법」 제2조)

4) 대집행의 절차

계고 → 대집행영장의 통지 → 대집행실행 → 비용징수의 4단계로 이루어짐

① 계고(戒告) → ***예외적으로 생략가능***

a) 대집행을 하려면 상당한 이행기간을 정하여 그 기간까지 이행하지 않을 때에는 대집행을 한다는 뜻을 미리 문서로써 알려야 한다(제3조 제1항).

b) 비상시 또는 위험이 절박한 경우에 있어서 계고를 할 여유가 없을 때에는 계고절차를 거치지 아니하고 대집행을 할 수 있다(제3조 제3항).

② 대집행영장(代執行令狀)에 의한 통지 → ***예외적으로 생략가능***

a) 의무자가 계고를 받고 지정기한 까지 그 의무를 이행하지 아니한 때에는 행정청은 대집행영장으로써 대집행시기 · 대집행책임자 · 대집행비용견적서 등을 의무자에게 통지하여야 한다(제3조 제2항).

b) 다만, 비상시 또는 위험이 절박한 경우에 있어서 대집행영장에 의한 통지를 취할 여유가 없을 때에는 대집행영장에 의한 통지절차를 거치지 않고 대집행을 할 수 있다(제3조 제3항).

③ 대집행의 실행

a) 대집행영장에 표시된 대집행의 시기까지 의무의 이행이 없으면 대집행이 실행된다. 즉 행정청은 스스로 의무자가 행하여야 할 행위를 하거나 제3자로 하여금 행하게 한다.

b) 대집행을 하기위해 현장에 파견되는 집행책임자는 그가 집행책임자라는 것을 표시한 증표(證票)를 휴대하여 대집행을 할 때에 이해관계인에게 제시하여야 한다.

④ 비용징수

대집행에 소요된 비용은 납기일을 정하여 의무자에게 문서로써 납부를 명하고 의무자가 납기일내에 납부하지 않으면 「국세징수법」의 규정에 따라 강제징수 할 수 있다(제6조)

〈행정대집행법〉

제1조 (목적) 행정의무의 이행확보에 관하여서는 따로 법률로써 정하는 것을 제외하고는 본법의 정하는 바에 의한다.

제2조 (대집행과 그 비용징수) 법률에 의하여 직접 명령되었거나 또는 법률에 의거한 행정청의 명령에 의한 행위로서 타인이 대신하여 행할 수 있는 행위를 의무자가 이행하지 아니하는 경우 다른 수단으로써 그 이행을 확보하기 곤란하고 또한 그 불이행을 방치함이 심히 공익을 해할 것으로 인정될 때에는 당해 행정청은 스스로 의무자가 하여야 할 행위를 하거나 또는 제삼자로 하여금 이를 하게 하여 그 비용을 의무자로부터 징수할 수 있다.

제3조 (대집행의 절차) ① 전조의 규정에 의한 처분(대집행)을 하려함에 있어서는 상당한 이행기 한을 정하여 그 기한까지 이행되지 아니할 때에는 대집행을 한다는 뜻을 미리 문서로써 계고하여야 한다.

② 의무자가 전항의 계고를 받고 지정기한까지 그 의무를 이행하지 아니할 때에는 당해 행정청은 대집행영장으로써 대집행을 할 시기, 대집행을 시키기 위하여 파견하는 집행책임자의 성명과 대집행에 요하는 비용의 개산에 의한 견적액을 의무자에게 통지하여야 한다.

③ 비상시 또는 위험이 절박한 경우에 있어서 당해 행위의 급속한 실시를 요하여 전2항에 규정한 수속을 취할 여유가 없을 때에는 그 수속을 거치지 아니하고 대집행을 할 수 있다.

제4조 (집행책임자의 증표제시) 대집행을 하기 위하여 현장에 파견되는 집행책임자는 그가 집행책임자라는 것을 표시한 증표를 휴대하여 대집행시에 이해관계인에게 제시하여야 한다.

제5조 (비용납부명령서) 대집행에 요한 비용의 징수에 있어서는 실제에 요한 비용액과 그 납기일을 정하여 의무자에게 문서로써 그 납부를 명하여야 한다.

제6조 (비용징수) ① 대집행에 요한 비용은 국세징수법의 예에 의하여 징수할 수 있다.

② 대집행에 요한 비용에 대하여서는 행정청은 사무비의 소속에 따라 국세에 다음가는 순위의 선취득권을 가진다.

③ 대집행에 요한 비용을 징수하였을 때에는 그 징수금은 사무비의 소속에 따라 국고 또는 지방자치단체의 수입으로 한다.

제7조 (행정심판) ① 대집행에 관하여 불복이 있는 자는 당해 행정청 또는 그 직접상급행정청에 행정심판을 제기할 수 있다.

② 당해 행정청에 행정심판을 제기한 자는 다시 행정심판을 제기할 수 없다.

제8조 (출소권리의 보장) 전조의 규정은 법원에 대한 출소의 권리를 방해하지 아니한다.

(2) 이행강제금

이행강제금(履行強制金)이란 의무자가 행정법상의 의무를 이행하지 아니하는 경우에 행정청이 일정한 기간 내에 의무를 이행하지 않으면 강제금을 과할 뜻을 예고함으로써 **심리적 압박을 가하여** 의무자로 하여금 스스로 의무를 이행케 하는 것을 말한다. 집행벌(執行罰)이라고도 한다.

종래 이행강제금은 '비대체적 작위의무' 또는 '부작위의무'의 불이행이 있는 경우에 의무자에게 금전의 납부를 명함으로써 심리적 압박을 가하여 의무의 이행을 간접적으로 강제하는 수단인 것으로 설명되어왔다. 그러나 현실적으로는 '대체적 작위의무'를 강제하기 위해서도 활용될 수 있다고 보여 진다. 그리고 이행강제금은 의무위반이 지속될 경우에는 반복하여 부과될 수 있다.

例) 1 : A가 보유하고 있는 테니스 코트장은 상업적으로 이용되고 있다. 주위 인근에는 B가 거주하는 집 한 채가 있다. 이 테니스장은 야간 조명등이 설치되어 있어 여름에는 밤늦게까지 이용된다. 해당관청은 인근주민 B의 야간의 휴식권을 보호하기 위해 밤 10시 이후에는 사용을 금하는 명령을 발하였으나 A는 이에 개의치 않는다. 8주가 지난 후, 당해 관청은 만일 명령을 준수하지 않고 이후 계속하여 밤 10시를 넘어 영업을 한다면 50만원의 강제금을 부과하겠다고 한다. A가 이를 무시하자 이에 따라 50만원의 강제금을 부과한다.

例) 2 : **건축법상의 이행강제금**; 「건축법」에 의하면, 건축주가 법정건폐율 또는 용적율을 초과하여 건축물을 건축하여 제79조 제1항에 의한 시정명령을 받은 후 시정기간 내에 당해 시정명령을 이행하지 않은 경우 행정청이 이행강제금을 부과하여 간접적으로 의무를 이행하도록 강제하고 있다(제80조).

〈건축법〉

제79조(위반 건축물 등에 대한 조치 등) ① 허가권자(시장 · 군수 · 구청장 등)은 대지나 건축물이 이 법 또는 이 법에 따른 명령이나 처분에 위반되면 이 법에 따른 허가 또는 승인을 취소하거나 그 건축물의 건축주 · 공사시공자 · 현장관리인 · 소유자 · 관리자 또는 점유자에게 공사의 중지를 명하거나 상당한 기간을 정하여 그 건축물의 철거 · 개축 · 증축 · 수선 · 용도변경 · 사용금지 · 사용제한, 그 밖에 필요한 조치를 명할 수 있다.

> **제80조(이행강제금)** ① 허가권자는 제79조 제1항에 따라 시정명령을 받은 후 시정기간 내에 시정명령을 이행하지 아니한 건축주등에 대하여는 그 시정명령의 이행에 필요한 상당한 이행 기한을 정하여 그 기한까지 시정명령을 이행하지 아니하면 다음 각 호의 이행강제금을 부과한다. …

(3) 직접강제

1) 직접강제(直接強制)란 의무자가 행정법상 의무를 이행하지 아니하는 경우에 행정청이 직접적으로 의무자의 신체 또는 재산에 실력을 행사하여 행정상 필요한 상태를 실현하는 것을 말한다.

▫ **즉시강제와의 구별:** 직접강제는 의무의 부과 및 불이행을 전제로 하며, 즉시강제는 목전의 긴박한 위해를 제거하기 위한 목적으로 시행한다.

2) 직접강제에 관한 일반법은 없다. 다만,「출입국관리법」,「식품위생법」등 개별법에서 한정적으로 인정되고 있다.

▫ **직접강제의 例:**

① 외국인의 강제퇴거조치(「출입국관리법」 제46조).

② 영업소의 폐쇄조치(「식품위생법」 제79조).[39)]

③ 해산명령에 불응하는 집회자의 강제해산/ 물대포차의 투입을 통해 시위를 해산시킴으로써 퇴거명령을 시행

④ 타이어에 대한 사격으로 도주 중인 차량을 막음

3) 직접강제는 대체적 작위의무, 비대체적 작위의무, 부작위의무, 수인의무 등 대부분의 의무불이행의 경우에 할 수 있으나, 강제집행수단 중에서 가장 강력한 수단이므로 국민의 기본권을 침해할 가능성이 크다. 따라서 직접강제는

---

39) 「식품위생법」 제79조 제1항은, 시장 · 군수 · 구청장 등 행정청은 (...) 허가 또는 등록이 취소되거나 영업소 폐쇄명령을 받은 후에도 계속하여 영업을 하는 경우에는, 간판 기타 영업표지물의 제거 · 삭제, 적법한 영업소가 아님을 알리는 게시문 등의 부착, 시설물 기타 영업에 사용하는 기구 등을 사용할 수 없게 하는 봉인 등의 조치할 수 있다는 규정을 두고 있다.

강제집행의 최후적 수단으로서만 고려되어야 할 것이다.

(4) 행정상 강제징수

1) 의의

행정상 강제징수(行政上 強制徵收)란 의무자가 행정법상의 금전 급부의무를 이행하지 아니하는 경우에 행정청이 의무자의 재산에 실력을 행사하여 의무가 이행된 것과 같은 상태를 직접적으로 실현하는 것을 말한다. 행정상 강제징수에 관한 일반법으로는 「국세징수법(國稅徵收法)」이 있다.

2) 절차

「국세징수법」상의 강제징수절차는 크게 독촉(督促)과 체납처분(滯納處分)으로 이루어지며, 체납처분은 다시 재산의 압류 → 압류재산의 매각 → 청산의 절차로 행해진다.

독촉이란 의무자에게 금전급부의무의 이행을 최고(催告)하고 이행하지 아니한 때에는 체납처분을 할 것을 예고하는 통지행위로서, 이후의 체납처분의 전제요건을 충족시키게 된다.

3. 행정상 즉시강제

행정상 즉시강제(行政上 卽時強制)란 목전에 급박한 행정상 장해를 제거하여야 할 필요가 있거나 성질상 의무를 명하여서는 행정목적을 달성할 수 없는 경우에 행정기관이 상대방에게 의무를 명하지 아니하고 직접 실력을 행사하여 행정상 필요한 상태를 실현시키는 것을 말한다.

例) 1 : 밤사이의 폭풍우로 인해 도로에 나무가 넘어져 있다. 현재 대지의 소유자나 점유자에게 연락이 아예 이루어질 수 없거나 적시에 이루어질 수 없는 상황이다. 이 경우 행정청은 교통안전상의 목적을 위해 나무를 직접 옆으로 치우거나 혹은 위임된 3자의 조력을 받을 수도 있다.

> 例) 2 : 한 유아가 집 발코니에서 이웃집 발코니로 기어오르려 하고 있다. 이웃집 주인은 부재상태이다. 이에 따라 경찰은 이웃집 현관문을 부순다.
>
> 기타의 例) ① 화재가 발생한 경우에 화재가 난 집에 사람이 출입하는 것을 강제적으로 제지하거나 화재가 난 집에서 강제적으로 퇴거시킴. 또는 불을 끄기 위해 필요한 경우에 문을 부숨.
>
> ② 현행범 체포
>
> ③ 「전염병예방법」상의 방역조치, 전염병환자의 강제격리
>
> ④ 「도로교통법」상의 교통장해물 제거, 주차위반 차량의 견인(대집행으로 볼 수도 있음)

「경찰관직무집행법」이 즉시강제의 일반법적 성격을 지님 ; 보호조치(제4조), 위험발생의 방지(제5조), 범죄의 예방과 제지(제6조), 위험방지를 위한 가택출입(제7조 1항). 즉시강제를 위한 기타의 개별법으로는 「마약법」, 「출입국관리법」, 「소방법」, 「전염병예방법」, 「도로교통법」 등이 있다.

4. 행정조사

(1) 의의

1) 행정조사(行政調査)란 행정상 필요한 정보 · 자료 등을 수집하기 위한 일체의 행위로써, 그 자체가 목적이거나 행정작용을 위한 자료를 얻기 위한 예비적 · 보조적 수단이다.

특히 경찰 · 질서행정청은 공공의 안녕과 질서에 대한 위해방지를 위한 자신의 임무를 효과적으로 수행하기 위하여 다른 어떤 행정청보다 정보 및 자료의 수집에 의존하고 있다.

2) 행정조사는 행정상 즉시강제와 구별된다. 종래에는 행정조사를 행정상 즉시강제에 포함시켜 다루어왔으나 양자는 그 목적과 내용을 달리하고 있다는 인식하에서, 현재는 별개의 제도로서 고찰하는 것이 일반적인 경향이다. 행정

상 즉시강제는 직접 개인의 신체나 재산에 실력을 가하여 경찰상 필요한 상태를 실현시키는 것을 목적으로 하는데 대하여, 행정조사는 경찰작용을 위한 자료를 얻기 위하여 행하는 준비적・보조적 수단의 성질을 갖는다.

(2) 법적근거

행정조사에 대한 일반법으로써 「행정조사기본법」이 제정되어 있다. 개별법으로는 대표적으로 「경찰관직무집행법」을 들 수 있다. 「경찰관직무집행법」 제2조 3호는 치안정보의 수집 및 작성 등을 경찰관의 임무로 규정하고 있으며, 아울러 경찰조사를 위한 불심검문(제3조), 사실의 확인(제8조)에 대한 권한도 명시하고 있다.

〈경찰관 직무집행법〉

제2조(직무의 범위) 경찰관은 다음 각 호의 직무를 행한다. 1. 범죄의 예방・진압 및 수사, 2. 경비・요인경호 및 대간첩작전수행, 3. 치안정보의 수집・작성 및 배포, 4. 교통의 단속과 위해의 방지, 5. 기타 공공의 안녕과 질서유지

기타 행정조사에 대한 수권규정을 두고 있는 것으로는, 「식품위생법」 제22조(영업장소등에 출입하여 식품 등을 검사・수거), 「공중위생관리법」 제9조(영업소등의 출입・검사), 「총포・도검・화약류 등 단속법」 제44조(제조소 및 판매소의 출입・검사) 등이 있다.

(3) 개인정보의 보호의 문제

행정목적을 위하여 정보 및 자료의 수집은 불가피하지만, 이를 통하여 개인의 인격권이나 사생활 및 영업상의 비밀이 침해되어서는 안 된다. 이에 대해서는 종래 「공공기관의 개인정보보호에 관한 법률」에서 규율하였지만 2011.9.30.자로 「개인정보보호법」이 시행되어 적용되고 있다.

IV. 행정상 제재

1. 행정벌

(1) 의의

행정벌(行政罰)이란 행정법상의 의무를 위반한 자에게 행정법상의 제재로써 과하여지는 벌이다. '행정벌' 은 과거의 의무위반에 대한 제재라는 점에서, 의무불이행에 대하여 장래의 방향으로 의무를 이행시키는 '행정상 강제집행' 과 구별된다. 그러나 행정벌도 의무위반에 대한 제재를 통하여 심리적 압박을 가함으로써 간접적으로 의무이행을 촉진시키는 기능을 갖는다.

(2) 법적근거

행정벌도 죄형법정주의에 따라 그것을 과하기 위하여는 법률의 근거가 있어야 한다. 법률은 행정벌의 대상 및 처벌의 종류와 상·하한을 정하여 법규명령에 위임할 수 있다. 지방자치단체도 법률의 위임이 있는 경우에는 조례로써 벌칙을 과할 정할 수 있다. 그 밖에 지방자치단체는 조례로서 조례위반행위에 대하여 1천만원 이하의 과태료를 정할 수 있다(「지방자치법」 제27조).

〈지방자치법〉

제27조 (조례위반에 대한 과태료) ① 지방자치단체는 조례를 위반한 행위에 대하여 조례로써 1천만 원 이하의 과태료를 정할 수 있다.

② 제1항에 따른 과태료는 해당 지방자치단체의 장이나 그 관할 구역 안의 지방자치단체의 장이 부과·징수한다.

(3) 종류

행정벌은 처벌의 종류에 따라 행정형벌과 행정질서벌로 나뉜다.

1) 행정형벌

행정형벌(行政刑罰)은 행정법상의 의무위반에 대하여 사형·징역·금고·자격상실·자격정지·벌금·구류·과료·몰수와 같이 형법상의 형을 과하는 행정벌을 말한다. 행정형벌에 관하여는 형법총칙의 규정이 적용되며(「형법」 제8조 전단), 관련법령에 특별한 규정이 있는 경우에는 그에 따른다(동조 후단).

> **〈형법〉**
>
> **제8조(총칙의 적용)** 본법 총칙은 타 법령에 정한 죄에 적용한다. 단 그 법령에 특별한 규정이 있는 때에는 예외로 한다.

한편 형법 제14조는 과실행위는 법률에 특별한 규정이 있는 경우에 한하여 처벌한다고 규정하고 있다. 이 규정이 행정범의 경우에도 적용되는지와 관련하여 견해가 나뉘고 있다. 판례는 행정범의 경우 과실범을 처벌한다는 명문의 규정이 없더라도 관계규정의 취지 등을 고려하여 과실범을 처벌할 수 있다는 입장이다.[40)]

2) 행정질서벌

행정질서벌(行政秩序罰)은 행정의무위반에 대하여 형법상의 형이 아닌 벌, 즉 과태료를 과하는 벌을 말한다. 행정질서벌이 처벌대상으로 하는 의무위반행위는 공공의 안녕·질서에 의하여 보호되는 법익을 직접적으로 침해하는 행위가 아니라 일정한 신고·보고·등록·서류비치 등의 의무를 위반하는 행위와 같이 간접적으로 행정목적의 실현에 장해가 되는 행위를 의미한다. 행정질서벌

---

40) "구 대기환경보전법의 입법목적이나 제반 관계규정의 취지 등을 고려하면, 법정의 배출허용기준을 초과하는 배출가스를 배출하면서 자동차를 운행하는 행위를 처벌하는 위 법 제57조 제6호의 규정은 자동차의 운행자가 그 자동차에서 배출되는 배출가스가 소정의 운행 자동차 배출허용기준을 초과한다는 점을 실제로 인식하면서 운행한 고의범의 경우는 물론 과실로 인하여 그러한 내용을 인식하지 못한 과실범의 경우도 함께 처벌하는 규정이다(대법원 1993.9.10, 92도1136)."

에 대하여는 「질서위반행위규제법」에서 전반적으로 규정하고 있다.

〈질서위반행위규제법〉

제1조(목적) 이 법은 ..... 질서위반행위의 성립요건과 **'과태료'** 의 부과·징수 및 재판 등에 관한 사항을 규정하는 것을 목적으로 한다.

제2조 (정의) 이 법에서 사용하는 용어의 뜻은 다음과 같다.

1. "질서위반행위" 란 법률(지방자치단체의 조례를 포함한다)상의 의무를 위반하여 과태료를 부과하는 행위를 말한다.

제5조 (다른 법률과의 관계) 과태료의 부과·징수, 재판 및 집행 등의 절차에 관한 다른 법률의 규정 중 이 법의 규정에 저촉되는 것은 이 법으로 정하는 바에 따른다.

사 례 행정벌

한국인 A는 소형선박을 타고 전라남도 영광에 밀입국한 중국인 B를 국내에 은닉할 수 있도록 원조하였다. A는 처벌을 받게 되는가? 그렇다면 그 절차는?

(1) 출입국관리법 제12조의3은 누구든지 불법으로 입국한 외국인을 은닉 또는 도피토록 해서는 안 된다고 규정하고 있다. 이를 위반할 경우 동법 제94조에 따라 벌칙이 부과된다. 이에 따라 A는 출입국관리법 위반으로 처벌을 받는다.

(2) 처벌절차는 출입국관리소장 등이 범칙금납부를 통고하는 처분을 하게 되고 A가 납부하면 처벌절차는 종료된다. 만일 납부하지 않으면 출입국관리소장은 수사기관에 '고발' 을 하게 되고, 고발이 이루어지면 일반적인 형사소송절차에 따르게 된다.

☞ **통고처분(通告處分)**

– 출입국관리사범·조세범·관세범·교통사범·경범죄사범에 대해서는 통고처분권자인 행정청이 벌금 또는 과료에 상당하는 금액의 납부를 통고(범칙금납부통고)하고, 당사자가 법정기간 내에 통고된 내용을 이행한 때에는 처벌절차는

종료된다.

– 그러나 이행하지 않으면 당해 행정청의 고발에 의해 검사의 기소가 이루어지고 정식형사소송절차로 이행되는 것이 원칙이다.

– 판례는 통고처분을 행정소송의 대상이 되는 처분이라 보지 않는다.[41]

〈출입국관리법〉

제1조(목적) 이 법은 대한민국에 입국하거나 대한민국에서 출국하는 모든 국민 및 외국인의 출입국관리와 대한민국에 체류하는 외국인의 체류관리 및 난민의 인정절차 등에 관한 사항을 규정함을 목적으로 한다.

제101조(고발) ① 출입국사범에 관한 사건은 사무소장·출장소장 또는 외국인보호소장의 고발이 없으면 공소를 제기할 수 없다.

② 출입국관리공무원 외의 수사기관이 제1항에 해당하는 사건을 입건하였을 때에는 지체 없이 관할 사무소장·출장소장 또는 외국인보호소장에게 인계하여야 한다.

제102조(통고처분) ① 사무소장·출장소장 또는 외국인보호소장은 출입국사범에 대한 조사 결과 범죄의 확증을 얻었을 때에는 그 이유를 명확하게 적어 서면으로 벌금에 상당하는 금액(**범칙금**)을 지정한 곳에 낼 것을 통고할 수 있다.

③ 사무소장·출장소장 또는 외국인보호소장은 조사 결과 범죄의 정상이 금고 이상의 형에 해당할 것으로 인정되면 즉시 **'고발'** 하여야 한다.

제105조(통고처분의 불이행과 고발) ① 출입국사범은 통고서를 송달받으면 10일 이내에 범칙금을 내야 한다.

② 사무소장·출장소장 또는 외국인보호소장은 출입국사범이 제1항에 따른 기간에 범칙금을 내지 아니하면 '고발' 하여야 한다.

③ 출입국사범에 대하여 강제퇴거명령서를 발급한 경우에는 제2항 본문에도 불구하고 고발하지 아니한다.

41) "도로교통법 제118조에서 규정하는 경찰서장의 통고처분은 행정소송의 대상이 되는 행정처분이 아니므로 그 처분의 취소를 구하는 소송은 부적법하다. 도로교통법상의 통고처분을 받은 자가 그 처분에 대하여 이의가 있는 경우에는 통고처분에 따른 범칙금의 납부를 이행하지 아니함으로써 경찰서장의 즉결심판청구에 의하여 법원의 심판을 받을 수 있게 될 뿐이다(대판 1995.6.29, 95누4674)."

2. 새로운 제재수단(행정의 실효성 확보를 위한 그 밖의 수단)

(1) 공급거부

1) 공급거부(供給拒否)란 행정법상 의무의 위반이나 불이행이 있는 경우에 행정상의 용역이나 재화(例: 수도·전화·가스·전기 등)의 공급을 거부하는 행위를 말한다. 오늘날 행정에 의해 공급되는 각종 서비스는 국민생활에 필수불가결하다는 점에서 강력한 의무이행확보수단으로 기능한다.

2) 공급거부의 실정법상 예로는 「구 건축법」 제69조 제2항 제3항(현재는 제79조 제2항 제3항)을 들 수 있다: "시장·군수·구청장 등은 허가 또는 승인이 취소된 건축물 또는 시정명령을 받고 이행하지 아니한 건축물에 대하여는 〈전기·전화·수도의 공급자, 도시가스사업자 또는 관계행정기관의 장에게 전기·전화·수도 또는 도시가스공급시설의 설치 또는 공급의 중지를 요청하거나〉 당해 건축물을 사용하여 행할 다른 법령에 의한 영업 기타 행위의 허가를 하지 아니하도록 요청할 수 있다."(제2항). "제2항의 규정에 의한 요청을 받은 자는 특별한 이유가 없는 한 이에 응하여야 한다."(제3항).

3) 상기 「구 건축법」 조항들에 대해서는 건축법상의 의무위반에 대하여 그와 실질적인 관련성이 없는 수도·전화·가스·전기 등의 공급을 중단하는 것은 부당결부금지원칙(不當結付禁止原則)에 위배된다는 비판이 제기되어왔다. 그리하여 2005년 11월 8일 개정에서 제2항은 다음의 내용으로 변경되었다: "시장·군수·구청장 등은 허가 또는 승인이 취소된 건축물 또는 시정명령을 받고 이행하지 아니한 건축물에 대하여는 당해 건축물을 사용하여 행할 다른 법령에 의한 영업 기타 행위의 허가를 하지 아니하도록 요청할 수 있다."(제2항)

(2) 관허사업의 제한

1) 관허사업의 제한(官許事業의 制限)이라 함은 행정법상의 의무를 위반내

지 불이행한 경우에 이미 발급한 인 · 허가를 철회 내지 정지하거나 각종 인 · 허가의 발급을 거부하는 것을 말한다. 실정법상의 例 : i) 「건축법」상의 위법건축물에 대한 영업허가의 제한(상기 공급거부 항목에서 서술한 제79조 제2항 제3항 참조), ii) 「국세징수법」 제7조 상의 영업허가 제한이 있다.

□ **국세징수법**

제7조(관허사업의 제한) ① 세무서장은 납세자가 대통령령으로 정하는 사유 없이 국세를 체납하였을 때에는 허가 · 인가 · 면허 및 등록과 그 갱신(이하 '허가 등' 이라 한다)이 필요한 사업의 주무관서에 그 납세자에 대하여 그 허가 등을 하지 아니할 것을 요구할 수 있다. ② 세무서장은 허가 등을 받아 사업을 경영하는 자가 국세를 3회 이상 체납한 경우로서 그 체납액이 500만 원 이상일 때에는 대통령령으로 정하는 경우를 제외하고 그 주무관서에 사업의 정지 또는 허가 등의 취소를 요구할 수 있다. ③ 세무서장은 제1항 또는 제2항의 요구를 한 후 해당 국세를 징수하였을 때에는 지체 없이 그 요구를 철회하여야 한다. ④ 제1항 또는 제2항에 따른 세무서장의 요구가 있을 때에는 해당 주무관서는 정당한 사유가 없으면 요구에 따라야 한다.

2) 관허사업제한조치가 의무위반 또는 의무불이행과 '실질적인 관련성이 없다면' 이는 부당결부금지의 원칙에 반하는 것이다. 일반적으로 현행 「건축법」 제79조 상의 관허사업의 제한은 의무불이행과 관련이 없다고 판단하여 부당결부금지의 원칙에 위배되지 않는다고 본다.

그러나 「국세징수법」 제7조 상의 관허사업의 제한에 대해서는 견해가 대립한다. 즉 당해 영업활동과 무관한 세금체납행위에 대해 영업의 인 · 허가를 거부하거나 취소 · 정지하는 것이 부당결부금지의 원칙에 위배되는지에 대해 논란이 있다.

(3) 위반사실 등의 공표

위반사실 등의 공표(違反事實 等의 公表)란 행정법상의 의무위반이나 불이행에 대해 위반자의 성명, 위반사실 등을 일반에 공개함으로써 명예나 신용에 침해를 가하여 심리적 강제를 통해 의무이행을 확보하는 간접강제수단이다.

例) 부동산투기자, 고액조세체납자, 환경오염물질 배출업소의 공표

(4) 국외여행제한

1) 국외여행제한(國外旅行制限)이란 행정법상의 의무위반이나 불이행에 대해 외국으로의 여행을 제한함으로서 간접적으로 의무이행을 확보하려는 수단이다.

例) 고액의 조세체납자에 대한 국외여행제한조치

2) 최근 국민의 기본의무인 납세의무를 이행하지 않은 채 국세 · 지방세 등을 체납하고도 해외여행을 다녀오는 고액체납자들이 증가하고 있다. 이는 납세의무를 성실히 이행하는 국민들 사이에 위화감을 조성할 뿐만 아니라 국가나 지방자치단체의 재정운영을 악화시키는 요인으로 작용한다.

3) 따라서 고액체납자들에 대한 여권발급을 제한하도록 함으로써 체납징수의 실효성을 확보하고 성실납세를 유도하려는 목적으로, 2011년 4월 25일에 「여권법」 개정 법률안이 발의되었다. 즉 5천 만 원 이상으로서 대통령령으로 정하는 금액 이상의 국세 · 관세 · 지방세를 정당한 사유 없이 체납한 경우 등에는 여권의 발급 또는 재발급을 거부하거나 여권의 효력을 상실시킬 수 있도록 하자는 것이다. 다만 지난 6월 외교통상통일위원회에 상정이 된 후 12월 15일 현재 아직 계류중인 상태이다.

(5) 과징금

1) 과징금(過徵金)은 원래 행정법규위반이나 기타 행정법상 의무의 위반으로 경제상의 이익이 발생한 경우에 그 이익을 박탈하여 간접적으로 의무이행을 확보하기 위한 수단으로 도입되었다. 이처럼 원래의 과징금은 불법적인 경제적 이익을 박탈하기 위함이 목적이다.

2) 그러나 근래에는 과징금의 취지와 성격이 변화된 측면이 있다. 즉 다수의 법률들에 '영업정지에 갈음하여 과징금을 부과' 할 수 있는 것으로 규정해 놓고 있는 것이다. 이를 이른바 변형된 과징금이라고도 한다. 대표적으로 「여객자동차운수사업법」 제88조 제1항을 들 수 있다: "국토해양부장관 또는 시 · 도지사는 여객자동차 운수사업자가 제85조 제1항 각 호의 어느 하나에 해당하여 사업정지 처분을 하여야 하는 경우에 그 사업정지 처분이 그 여객자동차 운수사업을 이용하는 사람들에게 심한 불편을 주거나 공익을 해칠 우려가 있는 때에는 그 사업정지 처분을 갈음하여 5천만 원 이하의 과징금을 부과 · 징수할 수 있다."

3) 이러한 형태의 과징금을 도입하게 된 취지는 영업정지로 인해 초래될 공익침해를 방지하기 위한 것이다. 즉, 다수국민이 이용하는 사업이나 국가 · 사회에 중대한 영향을 미치는 사업을 행하는 자가 행정법상의 의무를 위반하는 경우에 그 인 · 허가를 정지한다면 큰 불편이나 혼란이 초래될 가능성이 있다. 이를 방지하기 위해 대신 과징금을 부과하는 것이다. 다만, 현행법상 공익성이 그다지 크지 않은 사업에 대해서도 영업정지에 갈음하는 과징금이 도입된 경우가 적지 않은데, 이는 문제의 소지가 있어 보인다.

사항색인